Selbsthilfe-Therapiebuch für Paare über Beziehungen, an denen gearbeitet werden muss

Verbesserung von Kommunikation, Liebe, Spaß und Selbstwertgefühl für verheiratete und unverheiratete Paare
Von Brian Mahoney

Inhaltsübersicht

Einführung

Kapitel 1 Warum Beziehungen scheitern

Kapitel 2 Grundlagen der Kommunikation: Wie man zuhört und authentisch spricht

Kapitel 3 Emotionale Intimität wiederherstellen

Kapitel 4 Selbstwertgefühl Wesentlich für eine Gesunde Beziehung

Kapitel 5 Gesunder Umgang mit Konflikten

Kapitel 6 Romantik und Spaß neu entfachen

Kapitel 7 Schritte zur Heilung durch Vergebung und Selbstachtung

Kapitel 8 Gemeinsame Bewältigung von externem Stress

Kapitel 9 Gemeinsame Ziele und Visionen festlegen

Kapitel 10 Wie man den Fortschritt aufrechterhält und gemeinsam wächst

Schlussfolgerung

Ressourcen
Glossar der Begriffe

Haftungsausschluss

Dieses Buch soll Paaren, die Vergebung als Teil ihres Beziehungsweges in Betracht ziehen, Informationen, Anleitung und Hilfsmittel an die Hand geben. Es ist nicht dazu gedacht, professionelle Beratung, Therapie oder medizinischen Rat zu ersetzen. Die Autoren und Herausgeber sind keine lizenzierten Therapeuten, Berater oder Mediziner, und die hier dargestellten Strategien basieren auf allgemeinen Forschungsergebnissen und Erkenntnissen und nicht auf individuellen Diagnosen oder Behandlungen.

Die Ratschläge, Übungen und Vorschläge in diesem Buch sollten nach eigenem Ermessen verwendet werden und sind als Unterstützung, nicht als Ersatz für professionelle Beratung gedacht. Die Leser werden ermutigt, einen zugelassenen Psychiater oder Berater zu konsultieren, wenn sie unter erheblichem Leid, Trauma oder komplexen Beziehungsproblemen leiden.

Die Autoren und Herausgeber übernehmen keine Verantwortung oder Haftung für Verluste oder Schäden, die den Lesern durch die Anwendung der in diesem Buch enthaltenen Informationen entstehen. Die Leserinnen und Leser sind dafür verantwortlich, Entscheidungen zu treffen, die ihren persönlichen Umständen und Beziehungsbedürfnissen entsprechen.

Einführung

Beziehungen. Sie sind die Keimzelle unseres Lebens. Sie sind der Ort, an dem wir Freude, Trost und zuweilen auch Herausforderungen erleben. Ganz gleich, ob Sie seit Jahrzehnten in einer Beziehung sind - oder erst seit kurzem - oder ob Sie sich in einem Dating-Labyrinth mit Höhen und Tiefen befinden, Sie wissen wahrscheinlich, dass Beziehungen nie einfach sind. Dieses Buch soll Ihnen dabei helfen, Ihre Beziehung wiederherzustellen, wiederzugewinnen und **neu zu beleben**, und zwar mit einer Reihe praktischer Hilfsmittel und Einsichten, um Ihre Verbindung um jeden Preis zu stärken.

Es gibt Momente, in denen alles etwas aus dem Ruder läuft, und Paare durchlaufen diese Phasen. Mit all den Möglichkeiten, die das Leben mit sich bringt - Arbeit, familiäre Verpflichtungen, finanzielle Belastungen und persönliche Hürden - können die Stressschichten, die Ihre Partnerschaft erschweren, zahlreich sein. Vielleicht streiten Sie viel miteinander, fühlen sich unbeteiligt oder fragen sich, wo der Zauber geblieben ist. Sie fühlen sich vielleicht festgefahren und sind verwirrt, wie Sie weiter vorgehen sollen. Diese Kämpfe, die sich auf allen Ebenen der Intimität manifestieren können, müssen nicht das Ende der Beziehung bedeuten, sondern sind möglicherweise nur ein Zeichen dafür, dass eine Überarbeitung nötig ist und nicht eine komplette Überholung.

Dieses Buch soll ein Leitfaden und Begleiter für Paare sein, die mit ihrer Beziehung unzufrieden sind, aber noch relativ glücklich miteinander sind. Es ist keine Mission, zu retten, was nicht mehr zu retten ist. Es geht darum, die Liebe, die Freude und den Respekt füreinander zu finden, die Sie beide von Anfang an angezogen haben.
Es richtet sich an verheiratete und unverheiratete Paare, die ihre Kommunikation verbessern, ihre emotionale Intimität wiederherstellen und ihr gemeinsames Fundament stärken möchten.

Auf diesen Seiten finden Sie in jedem Kapitel Übungen, praktische Tipps und die eine oder andere Betrachtung zu einem anderen Aspekt von Beziehungen: Kommunikation, Selbstwertgefühl, emotionale Nähe, Konflikte und mehr. Die Kapitel sind so gestaltet, dass sie sich mit bestimmten Komponenten Ihrer Beziehung befassen, z. B. mit dem Zuhören oder der Kommunikation, um die Liebe und die Freude zurückzubringen. Wir werden uns auch mit dem Selbstwertgefühl befassen, denn eine gesunde Beziehung beginnt damit, dass sich zwei Menschen des Respekts würdig und frei von Scham fühlen.

Wie alles im Leben erfordern auch Beziehungen Pflege, Wartung, Liebe, Geduld und die Bereitschaft, sich weiterzuentwickeln. Wenn Sie die Ratschläge dieses Buches befolgen, können Sie die Geheimnisse florierender Partnerschaften entdecken und erfahren, wie Sie herausfordernde Zeiten überwinden und gleichzeitig die Intimität erhöhen können, selbst wenn das Leben sie unter den vielen Herausforderungen begraben zu haben scheint.

Ob Sie nun nach einem Streit zwischen Ihnen beiden hier aufgetaucht sind, nach der Erkenntnis, dass Sie sich voneinander entfremdet fühlen, oder einfach nur in der Hoffnung auf eine bessere gemeinsame Zukunft, Sie sind bereits auf dem Weg in eine bessere gemeinsame Zukunft. Mit der richtigen Einstellung und der Bereitschaft, neuen Ideen eine Chance zu geben, können Sie und Ihr Partner von Verzweiflung und Enttäuschung zu einer stärkeren Liebe, einer besseren Verbindung und einer erfüllten Beziehung übergehen.

Lassen Sie uns eine neue Reise beginnen, für eine gesündere, glücklichere und belastbarere Beziehung.

Kapitel 1
Warum Beziehungen scheitern

Es ist an der Zeit, mehr über die häufigen Fallstricke zu erfahren, denen Paare ausgesetzt sind. Herausforderungen in Beziehungen durch Missverständnisse, unerfüllte Erwartungen und Stressfaktoren in verschiedenen Lebensbereichen.

Es gibt viele Gründe für Beziehungsprobleme, und ein Verständnis der Gründe kann oft der erste Schritt zu deren Lösung sein. Werfen wir einen Blick auf einige der wichtigsten Ursachen für Beziehungsprobleme:

Missverständnisse:

Fehlinterpretationen sind oft die Folge einer ineffektiven Kommunikation, bei der Emotionen unklar ausgedrückt, Vermutungen angestellt oder nicht genau zugehört wird. Dies fördert Ressentiments und Frustration und führt dazu, dass es immer wieder zu den gleichen Streitigkeiten kommt und keine Lösungen gefunden werden.

Unerfüllte Erwartungen
Erwartungen, die nicht erfüllt werden, können eine Beziehung ins Chaos stürzen, ebenso wie Zweifel. Wir bringen vorgefasste Meinungen in Beziehungen ein, die auf unseren früheren Erfahrungen beruhen, darauf, wie unsere Eltern in ihrem Leben gehandelt haben, oder darauf, wie Paare im Fernsehen dargestellt werden. Unerfüllte Erwartungen in Bezug auf finanzielle und intime Rollen.

Es gibt weitere Probleme zwischen Partnern, die zu Enttäuschung und Unmut führen, wenn die Partner nicht miteinander reden:

Persönliche Stressoren: Persönlicher Stress aufgrund von Arbeit, Familie, Gesundheitsproblemen und finanziellen Fragen kann eine Beziehung beeinträchtigen. Wenn Menschen gestresst sind, neigen sie dazu, ungeduldig und wütend zu sein und haben keine Kraft mehr für ihren Partner, was zu Reibungen und Missverständnissen führt.

Ungleicher Ausdruck von Gefühlen: Jeder hat seine eigene Art, seine Gefühle, Wünsche und Beschwerden mitzuteilen. Ein Paar, das direkt kommuniziert, während ein Partner Unstimmigkeiten vermeidet oder indirekt kommuniziert, kann zu Missverständnissen oder dem Gefühl der Ablehnung führen.

Fehlende emotionale Intimität: Die Arbeit an der emotionalen Intimität ist der Schlüssel zu jeder starken Beziehung, doch aufgrund der täglichen Herausforderungen, Zeitpläne und Ängste verwenden beide Partner manchmal wenig Zeit und Mühe auf den Aufbau dieser Intimität. Es ist wichtig, Gedanken, Gefühle und Probleme mitzuteilen und auszudrücken, sonst fühlt sich einer der Partner allein und verlassen.

Unterschiedliche Werte und Ziele: Als Menschen haben wir Ziele und Werte, die sich ändern, und wenn Partner sich auseinanderleben, ohne miteinander zu kommunizieren, kann dies zu einer Trennung führen. Unstimmigkeiten über Lebensentscheidungen, berufliche Ambitionen oder familiäre Prioritäten können zu Belastungen führen, wenn sie nicht frühzeitig angesprochen werden.

Unsicherheit und geringes Selbstwertgefühl: Die Ungewissheit, ob Ihr Partner Sie für einen "besseren" Partner verlässt oder verlassen wird, kann zusammen mit persönlichen Unsicherheiten/Selbstzweifeln Eifersucht und/oder Besitzdenken auslösen. Und diese ungelösten Unsicherheiten können zu Abhängigkeit oder toxischen Verhaltensweisen und Überzeugungen führen, die die Partnerschaft zusätzlich belasten können.

Vernachlässigung der gemeinsamen Qualitätszeit: Vor allem in langfristigen Beziehungen neigen die Partner dazu, es sich bequem zu machen und zu denken, dass die Beziehung nicht mehr das gleiche Maß an Aufmerksamkeit erfordert wie früher. Ein zunehmender Mangel an Verbundenheit und Zuneigung kann sich abnutzen und die Grundlage der Beziehung zerstören.

Ungelöste Probleme oder Traumata aus der Vergangenheit können die Fähigkeit beeinflussen, in einer Beziehung offen und verletzlich zu sein. Wenn man sich nicht mit diesen Dingen aus der Vergangenheit auseinandersetzt, kann der vergangene Schmerz diktieren, was in der Gegenwart geschieht, und so kann sich die Geschichte mit dem alten Verhaltensmuster des Kämpfens oder Zurückziehens wiederholen.

Äußere Einflüsse: Erwartungen von Familie, Freunden oder der Gesellschaft können eine Beziehung belasten. Paare können sich unter Druck gesetzt fühlen, sich bestimmten Rollen oder Meilensteinen (wie Heirat oder Kinder) anzupassen, die nicht mit ihren persönlichen Wünschen übereinstimmen, was zu unnötigen Spannungen führt.

Keine Investition in das Glück zu tätigen: Mit diesen Investitionen können sich Paare durch gemeinsame Interessen verbinden und schöne Erinnerungen schaffen, die die Beziehung des Paares stärken.

Um diese Herausforderungen zu verstehen und zu bewältigen, bedarf es offener Kommunikation, Geduld und der Bereitschaft, gemeinsam zu wachsen. Beziehungen brauchen regelmäßige Aufmerksamkeit, Reflexion und Pflege, um zu gedeihen, vor allem wenn sie schwierige Zeiten durchleben.

Denken Sie daran, dass es in einer Beziehung Jahreszeiten gibt - und dass schwierige Phasen natürlich sind, aber bewältigt werden können.

Die Natur ist zyklisch, ebenso wie die Jahreszeiten in Beziehungen - unterschiedliche Jahreszeiten mit eigenen Herausforderungen und Belohnungen. Diese Phasen verdeutlichen die Phasen des Überflusses, der Sicherheit, des Wandels und sogar der Widrigkeiten, denen alle Paare im Laufe einer Beziehung begegnen. Für Paare, die versuchen, durch die Höhen und Tiefen einer Beziehung zu navigieren, kann das Verständnis dieses Konzepts ein mächtiges Werkzeug sein.

Die Jahreszeiten einer Beziehung

Der Frühling: Das Anfangsstadium, die Phase der Entdeckung, der Aufregung, der Verbindung. Es ist eine Zeit der Entwicklung und der Bindung zwischen den Partnern. Der Frühling ist gefüllt mit neuen Erfahrungen und der Frische der Entdeckung.

Sommer: Wärme und Sicherheit, die Beziehung ist stabil und angenehm. Es gibt ein größeres Maß an Vertrauen, mehr Kommunikation, und die Partner sind in der Regel besser aufeinander eingestimmt. Die Paare genießen in dieser Zeit den Komfort und die Sicherheit des gegenseitigen Verständnisses und der Wertschätzung.

Herbst: Herbst, die Zeit des Jahres, in der es gilt, den Wandel zu begrüßen. In dieser Phase können einige Herausforderungen auftauchen, wenn Paare mit Unstimmigkeiten, persönlicher Entwicklung oder veränderten Schwerpunkten konfrontiert werden. Der Herbst kann unerwartete Schocks mit sich bringen, aber er kann den Partnern auch helfen, sich neu auszurichten und sich neu zu orientieren.

Der Winter: Eine herausfordernde Jahreszeit, in der der Konflikt deutlicher spürbar wird und sich die Beziehung angespannt anfühlt. Der Winter kann einsam oder schwierig sein, da Paare auf Herausforderungen stoßen, die ihre Geduld und ihr Durchhaltevermögen auf die Probe stellen. Dennoch kann diese Phase auch Kraft geben und eine Gelegenheit zum Nachdenken, zur Erholung und zur Entwicklung bieten.

Die Jahreszeiten umarmen

Jede Beziehung erlebt schwierige Phasen oder "Winter". So unangenehm diese Zeiten auch sein mögen, bedeutet das nicht automatisch, dass mit der Beziehung selbst etwas nicht stimmt. Sie signalisieren eine Periode, in der sich das Paar möglicherweise neu anpassen, intensiver kommunizieren und sich weiterentwickeln sowie andere Wege der gegenseitigen Unterstützung finden muss. In dem Bewusstsein, dass schwierige Phasen nicht ewig andauern, können Paare diese Zeiten mit Freundlichkeit und Anmut bewältigen.

Wege zur Bewältigung schwieriger Jahreszeiten

Kommunikation: Ein ehrlicher, offener Dialog ist entscheidend. Wenn man offen über seine Gefühle spricht und aktiv zuhört, können Missverständnisse vermieden werden, und es wird Empathie statt Ärger gefördert.

Seien Sie anpassungsfähig: Mit den Jahreszeiten verändern sich auch die Menschen. Die Beziehung kann gestärkt werden, wenn man sich gegenseitig Raum gibt, um als Individuum zu wachsen.

Verbindlichkeit: Die Winter stellen das Engagement auf die Probe, und wenn man diese Jahreszeiten gemeinsam übersteht, können Vertrauen und Widerstandsfähigkeit entstehen, die die Beziehung nachhaltig unterstützen.

Bitten Sie um Hilfe: Es ist normal, dass man in den schweren Zeiten Unterstützung braucht, sei es von der Familie, von Freunden oder von Fachleuten.

Erkennen Sie die Jahreszeiten, wenn sie kommen, und erkennen Sie, dass sie ein natürlicher Teil des Beziehungsprozesses sind. Gehen Sie gemeinsam durch diese Erfahrung, schaffen Sie Verbindungen und bauen Sie Vertrauen auf, um selbst den kältesten Winter zu überstehen. Es gibt Hoffnung, wenn wir verstehen, dass es unweigerlich einen Frühling geben wird.

Herausforderungen kommen nicht, um zu bleiben, sie kommen, um zu vergehen.

Kapitel 2
Grundlagen der Kommunikation
Wie man authentisch zuhört und redet

Lassen Sie uns die Grundlagen einer gesunden Paarkommunikation erforschen: aktives Zuhören, Einfühlungsvermögen, konstruktiver Dialog

Diese Grundprinzipien können dabei helfen, eine Verbindung aufzubauen und verständnisvoll zu kommunizieren. Sie können jedem Partner helfen, die Schritte zu gehen, die das Fundament für eine gesunde Beziehung bilden. Lassen Sie uns einen tieferen Blick auf die wichtigen Fähigkeiten des aktiven Zuhörens, des Einfühlungsvermögens und der produktiven Diskussion werfen:

Aktives Zuhören

Konzentrierte Aufmerksamkeit: Sie hören aufmerksam zu, wenn Ihr Partner ohne Ablenkung oder Unterbrechung spricht. Das gibt ihm das Gefühl, dass das, was er sagt, für Sie von Bedeutung ist. Das bedeutet, dass Sie Ihre Geräte weglegen, Blickkontakt herstellen und sich auf das, was **Ihr Gesprächspartner** sagt, einlassen.

Reflektierendes Zuhören: Geben Sie Ihrem Partner zurück, was er gesagt hat. Sagen Sie Dinge wie "Was ich höre, ist..." oder "Mir scheint, dass...", um zu signalisieren, dass Sie zuhören und die andere Seite verstehen.

Nicht unterbrechen

Unterbrechen Sie nicht, auch wenn Sie meinen, dass Sie es sollten. Wenn Sie Ihrem Partner Zeit lassen, um zu Ende zu sprechen, wird er respektiert, dass seine Stimme gehört wird, und das kann ihm helfen, schwierige Gefühle und Gedanken zu ordnen.

Einfühlungsvermögen

Versuchen Sie, in den Schuhen der anderen Person zu stecken:

Einfühlungsvermögen bedeutet, sich in die Lage des Partners zu versetzen. Versuchen Sie nicht, alles auf sich zu beziehen. Es erfordert eine emotionale Anstrengung, sich in die Lage des anderen zu versetzen und seine Gefühle zu bestätigen.

Emotionale Unterstützung bieten

Geben Sie Worte oder Handlungen, die helfen, ihre Gefühle auszudrücken und zu bestätigen. Sätze wie "Ich kann verstehen, warum du dich so fühlst" oder "Das scheint schwer zu sein" zeigen nicht nur, dass du zuhörst, sondern auch, dass du dich ihren Erfahrungen anpasst.

Keine Wertung

Versuchen Sie, keine voreiligen Schlüsse zu ziehen oder **unaufgeforderte** Ratschläge zu geben. Einfühlungsvermögen bedeutet, nicht zu urteilen und dem Partner einen Raum zu geben, in dem er sich sicher genug fühlt, um sich auszudrücken.

Konstruktiver Dialog

Verwendung von "Ich"-Aussagen: Um nicht den Eindruck zu erwecken, die andere Partei zu beschuldigen, sollten Sie Ihre Gefühle mit "Ich"-Aussagen beschreiben. Anstatt also zu sagen: "Du hörst mir nie zu", ersetzen Sie es durch "Ich fühle mich ungehört, wenn...". Das hilft auch, Abwehrreaktionen zu reduzieren.

Ein lösungsorientierter Ansatz ist das, was Sie anstreben. Anstatt sich gegenseitig die Schuld zu geben, wenn ein Konflikt auftaucht. Versuchen Sie, einen Mittelweg oder eine Lösung zu finden, die den Wünschen beider Partner gerecht wird.

Ruhig und zuvorkommend bleiben

Sie können mit der anderen Partei nicht übereinstimmen, aber halten Sie den Ton ruhig und vermeiden Sie Schimpfwörter oder Beschimpfungen. So schaffen Sie eine Grundlage für eine offene und ehrliche Kommunikation.

Tägliches Üben dieser Fertigkeiten

Es braucht Zeit, diese Kommunikationsgewohnheiten zu entwickeln, aber wenn Sie konsequent aktiv zuhören, Einfühlungsvermögen zeigen und einen konstruktiven Dialog führen, schaffen Sie eine widerstandsfähigere Beziehung. Indem Sie freundlich und rücksichtsvoll sind, können Sie Vertrauen aufbauen, das einen gesunden, transparenten und zufriedenstellenden Austausch erleichtert.

Übungen zur Verbesserung der Hörfähigkeit:

Zuhören durch Spiegeln

Anweisungen: Ein Partner teilt einen Gedanken, ein Gefühl oder eine Erfahrung mit, während der andere zuhört, ohne zu unterbrechen. Der Zuhörer "spiegelt" dann, indem er das Gehörte in seinen eigenen Worten wiederholt
.
Intention: Überprüfung des Verständnisses, Förderung des Einfühlungsvermögens und Stärkung des aktiven Zuhörens.

Sprecher-Hörer-Technik

Sie müssen abwechselnd sprechen und zuhören. Dabei spricht eine Person eine bestimmte Zeit lang (z. B. zwei Minuten), während die andere zuhört, ohne zu antworten. Dies geschieht, wenn der Zuhörer dem Sprecher das Gehörte umschreibt, sobald der Sprecher mit dem Sprechen fertig ist.

Intention: Indem Sie sich darauf beschränken, zuzuhören und nicht sofort zu antworten, erleben die Partner weniger Abwehrreaktionen und können sich besser auf die Worte **des anderen** konzentrieren.

Praxis der Empathie

Der Zuhörer benennt ein Gefühl, das der Sprecher erlebt haben könnte, und bestätigt es ("Ich kann verstehen, warum Sie sich so gefühlt haben.")

Absicht: versuchen zu verstehen, bevor man antwortet oder ein Urteil fällt.

Frage- und Klärungsspiel

In jeder der nächsten beiden Runden teilt ein Partner einen kleinen Gedanken oder eine Erfahrung mit (es muss nicht viel sein), und der andere Partner antwortet nur, indem er klärende Fragen stellt, anstatt Aussagen zu machen. Das Ziel jeder Frage sollte die Klärung und das Verständnis sein - nicht die Kritik.

Zielsetzung: Ermöglicht es den Zuhörern, tiefer in das Verständnis einzutauchen und nicht in Schlussfolgerungen und Reaktionen.

Vermeiden von defensiver Kommunikation: Einige Strategien

Pause bei Meinungsverschiedenheiten

Anwendung: Wenn sich eine Diskussion zuzuspitzen beginnt, schlagen Sie eine kurze (5-10 Minuten) Auszeit vor, damit sich alle beruhigen können. Nutzen Sie diese Zeit, um innezuhalten, tief durchzuatmen und sich eine produktive Vorgehensweise zu überlegen.

Warum es funktioniert: Es verhindert die instinktiven emotionalen Ausbrüche, die zu Abwehrhaltung führen.

Lernen, sich selbst zu beruhigen

Was zu tun ist: Wenn Sie sich defensiv fühlen, denken Sie an eine beruhigende Technik. Das kann tiefes Atmen oder das Zählen bis zehn sein, oder Sie können sich sagen, dass Ihr Partner nicht versucht, Sie zu verletzen, sondern zu kommunizieren.

Wirkung: Sich selbst zu beruhigen, kann uns davon abhalten, die üblichen Kampf- oder Fluchtreaktionen auszuführen, und stattdessen eine Meinungsverschiedenheit zu verarbeiten.

Sich auf ein sicheres Wort einigen

Vorgehensweise: Legen Sie ein bestimmtes Wort fest (oder einen Satz wie "Wir sollten eine Pause machen"), das beide Partner sagen können, wenn sie sich selbst in die Defensive bringen oder einen Moment brauchen. Beide Partner halten inne und bewerten neu, wenn das Sicherheitswort oder der Satz fällt.

Wirkung: Verhindert eine Eskalation, indem es eine sofortige Möglichkeit bietet, potenziell defensive Auseinandersetzungen zu beenden und sich in Ruhe neu zu formieren.

Durch die konsequente Anwendung dieser Fähigkeiten können Paare lernen, tiefer zuzuhören, einfühlsamer zu sprechen und weniger defensiv zu sein, was alles zu einer stärkeren und gesünderen Beziehung beiträgt.

Kapitel 3
Wiederherstellung Emotionale Intimität

Die Bedeutung einer emotionalen Verbindung

Die emotionale Bindung ist der Kern einer gesunden und dauerhaften Beziehung. Sie geht über körperliche Anziehung oder ähnliche Interessen hinaus. Sie bindet Paare auf bedeutsame Weise aneinander.

Ohne eine feste emotionale Bindung, die auf einem Beziehungsfundament aufbaut, können sich die meisten anderen Beziehungen eher transaktional und oberflächlich anfühlen. Das macht es unwahrscheinlicher, dass eine Beziehung über längere Zeit Bestand hat.

Die Grundlage für Vertrauen und Sicherheit

Bei emotionalen Verbindungen fühlen sich die Partner sicher und geborgen, um miteinander zu funktionieren. Diese Sicherheit schafft Vertrauen, das für Offenheit, Ehrlichkeit und Verletzlichkeit unerlässlich ist. Die Gewissheit, dass der Partner emotional für einen da ist, bedeutet, dass jede Person sie selbst sein kann, ohne Angst zu haben, beurteilt oder zurückgewiesen zu werden.

Verbessert die Kommunikation

Ein offenes Gespräch ist nur möglich, wenn eine emotionale Verbindung besteht, die das Vertrauen fördert. Es gibt den Menschen die Möglichkeit, ihre tiefsten Gedanken, Hoffnungen und Ängste zu äußern, und sie fühlen sich von ihrem Partner verstanden und geschätzt.

Partner auf der emotionalen Ebene hören einander nicht nur zu, sie schenken einander Aufmerksamkeit und Aufmerksamkeit, was zu gegenseitigem Respekt und Wertschätzung führt und zu einer Stärkung führt!

Mahnt zur Stärke in der Not

Alle Beziehungen haben ihre Herausforderungen, aber diejenigen mit einer tiefen emotionalen Bindung sind widerstandsfähiger gegen die Stürme, die in einer Beziehung auftreten können. Wenn Dinge passieren, die der Beziehung schaden könnten - Verlust, Stress, Geld oder persönliche Probleme -, haben verbundene Paare mit einer emotionalen Bindung das Gefühl, dass sie sich gegenseitig unterstützen können, dass sie vereint sind, dass sie das gemeinsam durchstehen.

Verbessert Nähe und Befriedigung

Intimität ist der Funke, der die Flamme der Beziehung am Brennen halten kann, und sie entsteht durch emotionale Verbindungen. Sie überbrückt die Kluft zwischen körperlicher und emotionaler Nähe und verleiht intimen Momenten mehr Bedeutung. Wenn sich die Partner emotional verbunden fühlen, erleben sie mit größerer Wahrscheinlichkeit tiefe Zufriedenheit und Freude in der Beziehung, was ihr Engagement füreinander stärkt.

Fördert Wachstum und Selbstwertgefühl

Eine gesunde emotionale Bindung ermöglicht es beiden Partnern, sich geschätzt und wertgeschätzt zu fühlen, was eine wesentliche Voraussetzung dafür ist, dass der Selbstwert zu mehr als nur einem Konzept wird. Wenn es eine individuelle Bestätigung der Gefühle gibt, sind die Menschen motiviert, das zu tun, was sie wollen, und die beste Person zu sein, die sie für sich und ihre Beziehung sein können.

Kleine Schritte wie das ständige Ausdrücken von Dankbarkeit, das Üben von Empathie und das Verbringen von viel Zeit miteinander helfen, emotionale Verbindungen aufzubauen. Wenn sie kultiviert wird, wird sie zu einem soliden Fundament, auf dem dauerhafte Beziehungen aufgebaut werden, so dass sich die Liebe im Laufe der Zeit vertiefen und halten kann.

Werkzeuge für Paare, um sich emotional wieder zu verbinden und emotionale Intimität zu entfachen.

Die Wiederbelebung der emotionalen Intimität in einer Beziehung ist ein fortlaufender Prozess, der von beiden Seiten ein wenig Anstrengung sowie eine endlose offene Kommunikation erfordert. Im Folgenden finden Sie einige Hilfsmittel und Techniken, die Paare nutzen können, um sich emotional wieder zu verbinden:

Täglicher Check-In

Planen Sie regelmäßige Treffen: Finden Sie einen Zeitpunkt am Tag, an dem Sie sich beide wiedersehen können. Das kann während des Abendessens, vor dem Schlafengehen oder zu einer anderen ruhigen Zeit sein, die für beide Partner geeignet ist.

Struktur umsetzen:

Sie können Ihre Kontrollbesuche mit folgenden Punkten beginnen:

Wie war Ihr Tag? Erzählen Sie von einigen Höhepunkten und von einigen Herausforderungen.

Wo haben Sie sich heute geliebt oder respektiert gefühlt? (Erkennen Sie positive Momente)

Kann ich etwas tun, damit Sie sich besser fühlen? (Sprechen Sie jede gewünschte Unterstützung an)

Was können wir tun, damit es morgen besser wird? (Plan für Verbesserungen)

Wertschätzung ausdrücken

Dankbarkeits-Tagebücher: Lassen Sie jeden Partner Dinge, für die er dankbar ist, in einem Tagebuch über den anderen festhalten. Wenn Ihnen keine Ideen einfallen, können Sie damit Ihren täglichen Check-in beginnen.

Komplimentkarten: Schreiben Sie besondere Komplimente und Wertschätzungen auf einen Stapel Karten. Gut genährte gute Stimmung - ziehen Sie abwechselnd eine Karte und lesen Sie sie Ihrem Partner vor.

Tägliche Affirmation: Sagen Sie jeden Tag etwas, das Sie an Ihrem Partner mögen - etwas, das er getan hat, oder eine Eigenschaft, die Sie an ihm schätzen.

Emotionales Teilen

Ein Gefühlsrad ordnet 72 Gefühle in einer Art Kuchendiagramm an und teilt sie in diese 6 Gruppen ein: traurig, wütend, ängstlich, freudig, kraftvoll und friedlich. Das Rad kann nützlich sein, um die spezifischen Gefühle und Emotionen zu identifizieren, die Sie in einem bestimmten Moment erleben, damit sie angesprochen und gelöst werden können

Benutzen Sie ein Gefühlsrad - Dieser Tipp kann hilfreich sein, um Ihre Gefühle auszudrücken. Verwenden Sie das Rad, um Gedanken und Gefühle zu identifizieren. Wenn Sie dies gemeinsam tun, kann dies zu einem größeren Verständnis in der Beziehung führen.

Übungen zur Verletzlichkeit - Führen Sie Übungen durch, bei denen es um Verletzlichkeit geht, z. B. das Mitteilen von Ängsten oder etwas aus der Vergangenheit, z. B. einen Kindheitstraum.

Gemeinsame Qualitätszeit

Planen Sie gemeinsame Abende: Planen Sie Zeit ein, um Spaß zu haben und sich außerhalb der alltäglichen Verpflichtungen zu treffen. Teilen Sie etwas Neues, um Spannung zu erzeugen.

Digitale Entgiftung: Nehmen Sie sich jede Woche Zeit, um sich von den Geräten zu trennen und gemeinsam Zeit ohne Ablenkungen zu verbringen. Ein Spaziergang im Park, ein Abendessen in einem ruhigen Restaurant.

Körperliche Zuneigung

Einfache Berührungsrituale: Halten Sie sich an den Händen, wenn Sie zusammen gehen oder sitzen. Umarmen Sie sich kurz, wenn einer von Ihnen nach Hause kommt oder das Haus verlässt. Kuscheln Sie, oder sitzen Sie einfach nebeneinander und berühren Sie sich. Tun Sie dies auf eine Weise, die die Verbundenheit stärkt.

Massage-Austausch: Nehmen Sie sich Zeit füreinander, um sich gegenseitig zu massieren, wobei der Schwerpunkt auf Entspannung und Intimität liegt.

Vision Gebäude

Zukunftsplanung: Sprechen Sie über Ihre Zukunft und planen Sie sie. Nur Sie und Ihr Partner allein (es kann alles Mögliche sein, wie Reisepläne, finanzielle Ziele, Familienziele).

Überraschende Taten der Freundlichkeit

Überraschen Sie Ihren Partner - Hinterlassen Sie eine kleine Notiz, kochen Sie ein Lieblingsgericht, waschen Sie den Abwasch oder die Wäsche - ein kleines Zeichen, das sagt: "Ich denke an dich", wird viel bewirken.

Die Integration dieser Strategien in das tägliche Leben kann dazu beitragen, die emotionale Intimität von Paaren zu vertiefen und eine nährende Beziehung zu fördern. Wenn Sie diese Praktiken regelmäßig wiederholen und sie an Ihre sich entwickelnde Beziehung anpassen, kann dies zu einer dauerhaften Verbindung und einem Wachstum der emotionalen Intimität führen.

Kapitel 4
Selbstwertgefühl Wesentlich für eine Gesunde Beziehung

Sie fördern nicht nur das Selbstwertgefühl Ihres Partners, sondern auch Ihr eigenes als Paar.

Gegenseitiger Selbstwert ist ein Weg zur Gesundheit einer Beziehung. Die Partnerschaft funktioniert, wenn beide Partner ihren Wert kennen und Vertrauen, Ausgeglichenheit und emotionale Reife in die Beziehung einbringen. Diese Grundlage bietet Paaren die Möglichkeit, miteinander zu reden, ihre Bedürfnisse mitzuteilen und sich gegenseitig zu unterstützen, ohne zu urteilen oder nachtragend zu sein.

Die Anerkennung und Förderung des persönlichen Selbstwerts fördert das persönliche Wachstum, was sich wiederum positiv auf die Beziehung auswirken kann. Im Folgenden werden einige wichtige Aspekte aufgeführt, wie sich der individuelle Selbstwert und das persönliche Wachstum auf Paare auswirken:

Verbesserte Kommunikation: Wenn ein hohes Maß an Selbstwertgefühl vorhanden ist, sind Menschen eher bereit, offen und effektiv zu kommunizieren. Dieser offene Dialog trägt dazu bei, Konflikte schneller zu lösen und die emotionale Nähe zu stärken.

Die Wichtigkeit des Respekts: Wenn Sie sich selbst respektieren, fällt es Ihnen leichter, Ihren Partner zu respektieren, und Ihrem Partner fällt es leichter, Sie zu respektieren. Wenn jede Person ihren eigenen Wert erkennt, ist sie besser in der Lage, die Individualität des Partners zu respektieren und zu schätzen, was eine gesunde, ausgewogene Beziehung fördert.

Widrigkeiten überwinden: Ein hohes Selbstwertgefühl gibt den Menschen die Fähigkeit, mit Herausforderungen umzugehen, indem sie eine bessere Einstellung haben. Wenn die Dinge schwierig werden, können Partner mit einem hohen Selbstwertgefühl alles, was auf sie zukommt, als Einheit angehen, anstatt in Panik zu verfallen. Das macht es viel einfacher, Probleme zu bewältigen.

Größeres Einfühlungsvermögen: Wenn Menschen wachsen und mehr über sich selbst lernen, entwickeln sie oft ein tieferes Verständnis für die Erfahrungen anderer. Dieses Einfühlungsvermögen vertieft die emotionale Bindung zwischen den Partnern und hilft dabei, schwierige Lebensphasen zu überstehen.

Unterstützung von Interessen außerhalb der Beziehung: Ein hohes Selbstwertgefühl kann ein Anreiz sein, Interessen und Leidenschaften außerhalb der Beziehung zu verfolgen. Das hilft nicht nur, das eigene Leben zu verbessern, sondern auch etwas Neues in die Beziehung einzubringen. Das hilft, die Beziehung frisch und interessant zu halten.

Schaffung einer Atmosphäre für Wachstum:
Wenn beide Partner daran arbeiten, ihr eigenes Selbstwertgefühl und ihre eigene Entwicklung zu fördern, schaffen sie einen fruchtbaren Boden für das gegenseitige Wachstum. Es entsteht eine Partnerschaft, in der sich beide Individuen entfalten können. Eine solche Energie kann die Beziehung stärken, da sich beide Parteien geschätzt und zu guten Leistungen angespornt fühlen.

Praktiken der Selbstreflexion und des Selbstmitgefühls

Tägliches Dankbarkeits-Journaling

Idee: Schreiben Sie jeden Tag drei Dinge auf, für die Sie dankbar sind. Das kann das sein, was Sie am besten können, was Sie erreicht haben oder irgendeine Eigenschaft, die Sie wirklich an sich selbst mögen.

Zweck: Diese Aktivität ermutigt Sie dazu, Ihren Beitrag anzuerkennen und von der Suche nach Bestätigung von außen zur Wertschätzung Ihrer selbst überzugehen.

Selbstmitleid-Pause

Wenn Sie sich unzulänglich fühlen und nach Bestätigung suchen, halten Sie einfach inne und machen Sie eine Pause des Selbstmitgefühls. Erkennen Sie Ihre Gefühle an, sagen Sie sich, dass es normal ist, sich so zu fühlen, und sagen Sie sich dann, was Sie einem Freund sagen würden, der sich so fühlt.

Warum diese Praxis funktioniert: Sie hilft, Ihnen mehr Liebe und Mitgefühl entgegenzubringen, anstatt Sie zu verurteilen. Denn wenn Sie Fehler machen, denken Sie daran: Sie wissen nicht, was Sie nicht wissen.

Übung zur Klärung von Werten

Schreiben Sie zunächst Ihre wichtigsten Werte auf, und ordnen Sie sie dann nach ihrer Wichtigkeit.

Fragen Sie sich dann, wie diese Werte Ihre Identität prägen und welche Entscheidungen Sie mit oder ohne Ihren Partner in diesem Sinne treffen würden.

Zweck: Durch die Klärung der persönlichen Werte kann der Einzelne sein Selbstwertgefühl stärken und die Abhängigkeit von einem Partner, der ihn bestätigt, verringern.

Affirmation Erstellung

Schreiben Sie positive Affirmationen auf wie "Ich bin einzigartig, mit meinen Talenten und Schwächen", "Ich verdiene es, gut behandelt zu werden. "Ich bin einmalig." Sagen Sie sich diese Affirmationen jeden Tag. Oder kaufen Sie ein Affirmations-Hörbuch und hören Sie sie, wann immer Sie können.

Intention: Positive Affirmationen können negative Selbstgespräche ablenken und so zu einem stärkeren Selbstbild beitragen.

Reflektierende Briefe schreiben

Schreiben Sie einen Brief an sich selbst, als ob Sie an einen lieben Freund schreiben würden. Bringen Sie Liebe, Unterstützung und Verständnis zum Ausdruck und sprechen Sie Gefühle der Unzulänglichkeit oder Abhängigkeit an, die Sie möglicherweise haben.

Das Ziel: Diese Übung fördert die Selbstakzeptanz und das Mitgefühl und ermöglicht es Ihnen, negative Gedanken auf anmutige Weise neu zu formulieren.

Achtsamkeitsmeditation

Führen Sie jeden Tag 5-10 Minuten Achtsamkeitsmeditation durch und konzentrieren Sie sich dabei auf die bewusste Atmung und die kritiklose Beobachtung der Gedanken.

Warum: Achtsamkeit erhöht das Bewusstsein und gibt Ihnen die Fähigkeit, den Wunsch nach Bestätigung von außen zu erkennen und sich davon zu lösen.

Inventar zur Selbstvalidierung

Erstellen Sie eine Liste mit Ihren Leistungen, Eigenschaften und Merkmalen, die Sie an sich selbst schätzen, unabhängig davon, was andere Menschen sagen. Überprüfen Sie diese Liste regelmäßig.

Warum: Dies ist eine großartige Übung, um Sie daran zu erinnern, dass Sie einen Wert in sich selbst haben.

Grenzsetzung Reflexion

Details - Ermitteln Sie die Aspekte Ihrer Beziehung, in denen Sie zu sehr von Ihrem Partner abhängig sind. Notieren Sie genaue Grenzen, die Sie schaffen können, um die Unabhängigkeit zu fördern.

Zweck - Gesunde Grenzen zu haben, hilft, weniger Abhängigkeit und mehr Selbstvertrauen zu entwickeln.

Sich selbst mit Mitgefühl zuhören

Nehmen Sie sich bei dieser Übung Zeit, um Ihren eigenen Gefühlen und Bedürfnissen zuzuhören, als ob Sie einem Freund zuhören würden. Was werden Sie brauchen, um sich selbst zu unterstützen und zu bestätigen?

Zweck - Diese Übung soll Ihnen helfen, mehr über sich selbst zu erfahren und Ihre wahren Gefühle zu spüren und zu verstehen.

Erstellen eines persönlichen Vision Boards

Was ist das? Nehmen Sie Bilder, Zitate und andere Erinnerungen an Dinge, die sich auf Ihr Bild von Erfolg, Leistung, Selbstdefinition usw. beziehen. Hängen Sie sie irgendwo auf, wo Sie sie täglich sehen können.

Warum: Ein Vision Board hilft Ihnen, sich zu konzentrieren. Es ist eine gute Möglichkeit, sich selbst daran zu erinnern, was man vom Leben will, und die Unabhängigkeit von der Bestätigung durch den Partner zu stärken.

Diese Übungen können dem Einzelnen helfen, ein Gefühl des Selbstmitgefühls und der Selbstreflexion zu kultivieren, was ihm die Kraft gibt, Bestätigung von innen heraus zu finden, anstatt sich nur auf den Partner zu verlassen. Durch die Förderung des Selbstbewusstseins und die Stärkung der persönlichen Werte kann der Einzelne seine emotionale Widerstandsfähigkeit (Selbstwert) stärken, weniger bedürftig werden und seine Beziehungen verbessern.

Kapitel 5
Umgang mit Konflikten auf gesunde Art und Weise

Wie Paare mit Konflikten umgehen können auf gesunde Art und Weise

Konflikte auf konstruktive Weise lösen, ein vertiefter Ansatz zur konstruktiven Konfliktlösung.

Aktives Zuhören:

Hören Sie zu, ohne Ihre Antwort zu formulieren, während Ihr Partner spricht. Zeigen Sie, dass Sie zuhören (einschließlich verbaler und nonverbaler Signale [Nicken, Augenkontakt]).

Wiederholen Sie das Gesagte in Ihren eigenen Worten, was das Verständnis bestätigt und die Gefühle bestätigt.

Ruhig bleiben:

Gehen Sie den Konflikt ruhig an. Atmen Sie ein paar Mal tief durch oder machen Sie eine kurze Pause, wenn die Emotionen sehr hochkochen.

Seien Sie respektvoll und schreien Sie nicht... Dies wird die Abwehrhaltung auf ein Minimum reduzieren. Versuchen Sie, Ihre Gefühle auszudrücken, ohne dass es so aussieht, als würden Sie Ihrem Partner die Schuld geben.

Identifizieren Sie das Problem:

Stellen Sie fest, was das eigentliche Problem ist. Vermeiden Sie es, andere Themen anzusprechen, und benennen Sie die Ursache des Konflikts genau. Erkennen Sie an, was Sie beide ansprechen, damit Sie das Gespräch auf dem richtigen Weg halten können.

Kollaboratives Problemlösen (CPS):

Arbeiten Sie zusammen, um Probleme zu lösen, anstatt um die "richtige" Antwort zu kämpfen. Dazu gehört, dass man Optionen in Betracht zieht und flexibel ist. Treffen Sie gemeinsam eine Entscheidung über die Vor- und Nachteile der Lösungen.

Setzen Sie Grenzen:

Legen Sie Grundregeln dafür fest, was besprochen werden kann und wann, einschließlich eines Verbots von Beschimpfungen und des Aufarbeitens vergangener Missstände.

Legen Sie fest, wie lange Sie über dieses Thema sprechen wollen und wann Sie gegebenenfalls darauf zurückkommen werden.

Erkennen von schädlichen Mustern

Einige Verhaltensweisen können für eine gesunde Kommunikation und für Konflikte schädlich sein. Der erste Schritt, um sie anzugehen, besteht darin, diese Muster zu erkennen.

Ablenkung:

Das ist der Moment, in dem ein Partner zusammenbricht, den Mund hält oder sich aus dem Gespräch zurückzieht.

Zum Beispiel sind Ein-Wort-Antworten, das Ignorieren von Blickkontakt oder das Verlassen des Raums alles Zeichen.

Sie wollen also diese Herausforderung umgehen, indem Sie beide Partner dazu bringen, sich sicher zu fühlen und sich auszudrücken.

Die Kritik:

Kritik ist, wenn Sie den Charakter Ihres Partners angreifen, anstatt das Verhalten anzusprechen, das das Problem verursacht.

Du hörst nie zu, vermasselst immer alles usw...

Gehen Sie dagegen vor, indem Sie aus Ihrer eigenen Erfahrung sprechen und nicht pauschal und anklagend.

Defensivität:

Wenn sich ein Partner angegriffen fühlt, reagiert er oft mit Gegenvorwürfen oder Rechtfertigungen: Dies führt zu einem dysfunktionalen Dialog.

Achten Sie also darauf, was passiert, wenn das Gespräch von einer Problemdiskussion in eine Schuldzuweisung übergeht; hüten Sie sich davor, sich zu verteidigen. Oder üben Sie, die Verantwortung für die Rolle, die Sie in dem Konflikt gespielt haben, zu übernehmen (wenn auch nur teilweise).

Verachtung:

Sie besteht aus verächtlichen Bemerkungen oder Handlungen, die in der Regel von Sarkasmus, Spott oder Gesten begleitet sind.

Verachtung ist unangenehm und kann in der Tat zum Scheitern von Beziehungen führen. Äußern Sie keine Verachtung, sondern bemühen Sie sich um ein höfliches Gespräch, auch wenn es keine Übereinstimmung gibt.

Ein Paar kann Konflikte effektiv bewältigen, indem es konstruktive Konfliktlösungstechniken anwendet und sich der toxischen Muster bewusst ist. Der Aufbau einer soliden Grundlage aus Vertrauen, Respekt und offener Kommunikation ist für die Aufrechterhaltung einer gesunden Beziehung unerlässlich und führt letztlich zu einem tieferen Verständnis und einer tieferen Verbindung.

Konfliktlösungsstrategien zur Bewältigung von Meinungsverschiedenheiten, ohne das Vertrauen und den Respekt zu brechen.

Wenn es zum Streit kommt, was unweigerlich der Fall ist, ist eine Konfliktlösung nicht nur für die Gesundheit der Beziehung, sondern auch für das Wohlergehen der beiden beteiligten Personen notwendig. Hier sind einige Strategien, die Paaren dabei helfen, Streitigkeiten zu überwinden und dabei Vertrauen und Respekt zu bewahren:

Kooperatives Zuhören - jeder Partner sollte in Diskussionen aktiv zuhören. Dies erfordert aktives Zuhören, das Bestätigen der Gefühle des Sprechers und das Umschreiben des Gesagten, um zu zeigen, dass man es verstanden hat. Außerdem zeigt es, dass man den Standpunkt des anderen zu schätzen weiß.

Nehmen Sie es nicht persönlich:

Um eine Übertreibung zu vermeiden, sollte derjenige, der beleidigt wurde, die Höflichkeit haben, sich auf das Problem zu konzentrieren und die andere Partei nicht anzugreifen. Dies kann dazu beitragen, den Groll abzubauen, und ermöglicht eine klarere Problemlösung.

Einfühlungsvermögen und Validierung:

Versuchen Sie, sich gegenseitig zu bestätigen, wenn es um Gefühle geht. Auf diese Weise können sich beide Partner bestätigt fühlen und sich gegenseitig besser akzeptieren, auch wenn sie unterschiedliche Meinungen haben.

Teilen Sie den Sandkasten

Behandeln Sie die Situation so, als ob Sie beide im selben Team wären, anstatt darum zu kämpfen, den Streit zu gewinnen. Arbeiten Sie gemeinsam an Lösungen und seien Sie bereit, Kompromisse einzugehen, die den Bedürfnissen beider Partner gerecht werden.

Loslassen und Verzeihen:

Sobald ein Konflikt beigelegt ist, sollten Sie sich bemühen, zu vergeben und loszulassen. Loslassen: Das Festhalten an alten Ressentiments kann Vertrauen und Respekt zerstören. Konzentrieren Sie sich auf die Gegenwart und die Zukunft.

Suchen Sie professionelle Hilfe

Wenn es viele Konflikte gibt oder wenn es besonders gefährlich ist, sollten Sie sich an einen Paartherapeuten oder Berater wenden. Sie können Ihnen die Werkzeuge und Techniken an die Hand geben, die für Ihre einzigartige Beziehungsdynamik relevant sind.

Wenn diese Techniken gut geübt werden, können sie Ihnen helfen, Meinungsverschiedenheiten zu klären, Ihre Beziehung zu stärken und weiterhin Vertrauen und Respekt füreinander zu haben.

Kapitel 6
Wiederbelebung
Romantik und Spaß

Bringen Sie den Spaß und die Aufregung zurück, um den Funken und das Feuer wieder zu entfachen

Im Folgenden finden Sie einige Ideen, wie Sie Spaß, Spiel und Spontaneität in das Leben eines Paares zurückbringen können:

Überraschende Verabredungen: Planen Sie abwechselnd überraschende Verabredungen für den anderen und halten Sie bis zur letzten Minute geheim, wohin Sie gehen und was Sie tun. Das kann für Aufregung sorgen und Ihnen die Möglichkeit geben, gemeinsam neue Erinnerungen zu schaffen.

Unbeschwerter Wettbewerb: Machen Sie ein paar spielerische Herausforderungen oder Spiele, die Sie gemeinsam durchführen - wie zum Beispiel ein Abendessen mit nur einer bestimmten Zutat zu kochen, oder ein Tanz-Battle im Wohnzimmer oder eine Partie Monopoly.

Zufällige Überraschungen: Hinterlassen Sie kleine Botschaften oder Geschenke für den anderen an Orten, an denen Sie sie nicht erwarten würden - in der Brotzeittasche, auf dem Autositz -, um ihm den Tag zu verschönern.

Abenteuer-Tage: Verbringen Sie einen Tag damit, eine neue Gegend zu erkunden oder gemeinsam etwas zu unternehmen, was Sie nicht gewohnt sind, z. B. einen neuen Weg zu wandern, ein Museum in der Nähe zu besuchen oder an einem Workshop teilzunehmen.

Nostalgie-Nächte: Erinnern Sie sich an Ihre Lieblingsverabredungen oder an Dinge, die Sie zusammen gemacht haben, als Sie sich zum ersten Mal trafen. Vielleicht sehen Sie sich einen alten Film an oder kochen ein Rezept von Ihrem ersten gemeinsamen Date.

Schnelle Fluchten: Bringen Sie den normalen Tagesablauf durcheinander. Wenn Sie die Möglichkeit haben, organisieren Sie einen Kurztrip am Wochenende in eine lokale Umgebung, packen Sie einfach einen Koffer und fahren Sie los!

Kreative Dinge zu machen: Machen Sie gemeinsam ein lustiges Projekt, zum Beispiel ein Zimmer streichen, einen Garten anlegen oder etwas bauen, das Ihnen beiden gefällt. Das fördert den Teamgeist und die Kreativität.

Thematische Dinner-Abende: Bereiten Sie Themenabende vor, bei denen Sie Gerichte aus verschiedenen Kulturen oder Epochen zubereiten und sich entsprechend verkleiden.

Sammeln Sie Komplimente: Legen Sie ein Glas mit Komplimenten oder positiven Erinnerungen über den anderen an. Ziehen Sie jede Woche eines aus dem Glas und teilen Sie es mit anderen.

Flirtende Kommunikation: Verspielte Spitznamen, Flirt-Texte im Laufe des Tages und süße oder romantische Nachrichten sind lustige Dinge, die man einstreuen kann, um die Dinge spielerisch zu halten.

Die Einbeziehung dieser Elemente kann dazu beitragen, den Funken in einer Beziehung neu zu entfachen und sie freudiger und erfüllender zu machen!

Ein paar weitere Ideen

Verabredungen, kleine romantische Gesten und lustige Aktivitäten, die Paaren helfen, sich wieder zu verlieben, fallen alle in diese Kategorie:

Gehen Sie gemeinsam ins Kino. Sehen Sie sich den neuesten Blockbuster oder Thriller an. So haben Sie hinterher etwas, worüber Sie reden können.

Nehmen Sie gemeinsam an einem Kochkurs teil und lernen Sie neue kulinarische Fähigkeiten, um die Früchte Ihrer Arbeit zu genießen.

Spielen Sie Brettspiele oder Videospiele, die Sie beide mögen. Seien Sie kreativ mit Preisen für den Gewinner.

Gemeinsame Playlist: Stellen Sie eine Playlist mit Liedern zusammen, die Ihre Beziehung repräsentieren, und hören Sie sie gemeinsam an.

Zufällige Leckereien: Nehmen Sie einen Lieblingssnack oder ein Dessert mit, wenn Sie Lebensmittel einkaufen oder eine Besorgung machen. Einfach so.

Unterhaltsame Aktivitäten

Heimwerken & Basteln: Finden Sie ein Heimwerkerprojekt oder ein Bastelprodukt, an dem Sie beide gemeinsam arbeiten möchten.

Gehen Sie zu lokalen Veranstaltungen: Suchen Sie nach Konzerten, Messen oder Bauernmärkten in der Nähe und gehen Sie gemeinsam auf Entdeckungsreise.

Trivia-Abend: Finden Sie einen Quizabend in einer nahe gelegenen Bar oder einem Restaurant und fordern Sie andere Paare als Team heraus.

Der Buchklub für zwei: Suchen Sie sich ein Buch aus, das Sie beide lesen werden, und unterhalten Sie sich darüber (Bonuspunkte, wenn Sie, wie bereits erwähnt, zu Hause Kaffee trinken oder zu Abend essen)

Tourist in deiner eigenen Stadt: Werden Sie zum Fremdenführer in Ihrer eigenen Stadt. Besuchen Sie ein Museum, einen botanischen Garten oder eine historische Stätte, die Sie noch nicht besucht haben.

Teilen Sie Ihre Ideen

Blog oder soziale Medien: Schreiben Sie einen Blogbeitrag oder teilen Sie Ihre Ideen für ein Date in den sozialen Medien.

Workshops für Paare: Informieren Sie sich über die Möglichkeit, Workshops zur Verbesserung romantischer Beziehungen zu veranstalten oder zu besuchen.

Kreative Inhalte: Machen Sie Videos oder Podcasts, in denen diese Ideen vertieft werden, einschließlich Testimonials oder Interviews mit Paaren.

Partner-Tagebuch: Führen Sie ein gemeinsames Tagebuch, in dem Sie Ihre Ideen, Erfahrungen und Überlegungen festhalten.

Gehen Sie in einen Freizeitpark. Genießen Sie den Nervenkitzel einer Achterbahn oder spazieren Sie einfach durch den Park oder genießen Sie die Parkanlagen.

Indem Sie diese Ideen auf sympathische und ansprechende Weise präsentieren, können Sie sich gegenseitig dazu inspirieren, die Beziehung in den Vordergrund zu stellen und eine tiefere Verbindung aufzubauen.

Kapitel 7
Schritte zur Heilung mit Vergebung und Selbstrespekt

Identifizieren Sie die Verletzung

Der erste Schritt besteht darin, sich selbst zu erlauben, den Schmerz zu fühlen. Nehmen Sie sich einen Moment Zeit, um den Schmerz zu fühlen (es kann Traurigkeit, Wut, Verrat oder was auch immer sein), der durch eine bestimmte Handlung oder ein bestimmtes Verhalten verursacht wurde. Nehmen Sie sich Zeit dafür, denn das Zulassen Ihrer Gefühle ist Teil des Heilungsprozesses! Graben Sie tiefer und identifizieren Sie die zugrunde liegenden Emotionen; ist Ihre Wut auf ein anderes Gefühl zurückzuführen, z. B. auf das Gefühl, nicht gewürdigt, nicht respektiert oder sogar verlassen zu werden?

Erkennen Sie die Auswirkungen an

Als Nächstes sollten Sie darüber nachdenken, wie sich die Verletzung auf Ihr Leben ausgewirkt hat. Achten Sie darauf, ob sich Ihre Stimmung, Ihr Selbstvertrauen oder sogar Ihr allgemeiner Gesundheitszustand ändert. Stellen Sie irgendwelche Muster in Ihren Beziehungen zu anderen Menschen fest. Vielleicht sind Sie jetzt vorsichtiger, oder die Schmerzen, die Sie erlebt haben, haben Barrieren zwischen Ihnen und den Menschen errichtet, die Sie am meisten lieben. Wenn Sie sich dieser Auswirkungen bewusst sind, können Sie erkennen, warum es sich lohnt, diesen Prozess zu durchlaufen.

Einfühlungsvermögen und Perspektivübernahme entwickeln

Bei diesem Schritt geht es nicht so sehr darum, der anderen Person zu vergeben, sondern vielmehr darum, dass Ihr Kummer etwas weniger Macht über Sie hat. Versuchen Sie, die Absicht der anderen Person von der Art und Weise zu trennen, wie ihre Handlung von Ihnen aufgenommen wurde.

Menschen verletzen sich manchmal versehentlich gegenseitig, und in dem **Moment, in dem wir diesen Unterschied erkennen,** können wir frei werden. Erinnern Sie sich an Zeiten in Ihrem eigenen Leben, in denen Sie jemanden versehentlich verletzt haben - und prüfen Sie, ob Sie dadurch ein gewisses Maß an Empathie für Ihre Erfahrung aufbringen können. Denken Sie daran, dass das Üben von Empathie eine Möglichkeit ist, sich von den Ketten des Grolls zu befreien.

Erwartungen für die Freigabe

Bei der Vergebung geht es darum, sich selbst zu befreien, und nicht darum, darauf zu warten, dass der andere sich entschuldigt. Vielleicht ist es hilfreich, sich eine persönliche Loslasserklärung zurechtzulegen, auf die Sie in schwierigen Zeiten zurückgreifen können. Es könnte etwas so Unkompliziertes sein wie: "Ich lasse diesen Schmerz los, um meinen eigenen Frieden zu finden."
Wiederholen Sie diesen Vorgang so oft wie nötig.

Experimentieren Sie mit Übungen zum Üben von Vergebung

Kommen wir nun zu einigen praktischen Hilfsmitteln, die Sie beim Loslassen unterstützen. Beginnen Sie mit einem Tagebuch, in dem Sie zu Papier bringen, was Sie über das Geschehene empfinden und welche Auswirkungen es auf Sie hatte. Vielleicht sollten Sie auch der Person, die Sie verletzt hat, schreiben. Sie müssen es **NICHT** abschicken - das ist nur für Sie. Schreiben Sie jede Emotion auf, lassen Sie es zu einem sicheren Hafen für alle Ihre Gedanken werden, die Sie haben.

Vielleicht hilft es Ihnen auch, eine geführte Meditation oder Visualisierung zu versuchen. Stellen Sie sich den Schmerz, den Sie mit sich herumtragen, als eine Last vor, als etwas sehr Schweres. Stellen Sie sich dann vor, dass Sie diese Last ablegen und spüren, wie Ihr Körper leichter wird, während sich Ihr Geist zu klären beginnt. Diese einfachen Übungen können manchmal ausreichen, um den Kurs Ihrer Reise zu ändern.

Eine neue Erzählung schaffen

Was auch immer Ihnen widerfahren ist, Sie sind kein Opfer, Sie sind ein Überlebender, und Sie sind dadurch stärker geworden. Fangen Sie an, eine neue Geschichte zu schreiben, in der Sie stark sind. Sie werden zu einer Person, die gelernt hat, gewachsen ist und durchgehalten hat, anstatt ein Opfer des Schmerzes zu sein. Jetzt fangen Sie an, Ihren Schmerz zu verarbeiten und ihn in Ihre Kraft zu verwandeln.

Loslassen und vorwärts gehen

Ein verzeihender Mensch zu sein, bedeutet nicht, dass man jemandem einen Freifahrtschein ausstellt, Sie erneut zu verletzen. Wenn die Person, die Sie verletzt hat, noch in Ihrem Leben ist, überlegen Sie, welche Grenzen Sie setzen müssen, um sich sicher zu fühlen. Es ist ein Prozess, kein Ziel, und ein Schritt nach dem anderen ist völlig in Ordnung. Menschen können nur so weit gehen, wie Sie sie lassen. Vielleicht müssen Sie "Ihre Ansprüche erhöhen".

Sie können auch dann verzeihen, wenn die andere Person nicht bereit ist, sich zu ändern

Schließlich sollten Sie wissen, dass Vergebung auch dann möglich ist, wenn die Person, die Sie verletzt hat, sich nicht geändert hat - oder es nicht will. Das bedeutet NICHT, dass Sie entschuldigen, was die Person getan hat; Sie haben einfach die Entscheidung getroffen, in Frieden zu leben.
Machen Sie sich klar, dass sich die Person vielleicht nie ändern wird, und seien Sie nicht besorgt oder ängstlich. Leben Sie Ihr Leben und setzen Sie sich mit den Werten auseinander, die Ihnen wichtig sind. Hin und wieder bedeutet das, sich von der Person zu trennen, die Sie immer wieder verletzt. Vergebung bedeutet, dass Sie weitermachen, ohne sich für das Verhalten dieser Person zu entschuldigen.

Erkennen, wann Vergebung nicht genug ist

Vergebung ist ein Geschenk, das Sie sich selbst machen, aber sie sollte auf keinen Fall mit Schwäche verwechselt werden. Wenn Ihr Partner oder Ihre geliebte Person immer wieder dieselben schädlichen Handlungen begeht und anfängt, Ihre Vergebung wie ein grünes Licht zu behandeln, um ohne Konsequenzen weiterzumachen, muss Ihre Beziehung möglicherweise neu bewertet werden.

Sie können jemandem verzeihen, ohne verpflichtet zu sein, ihn oder sie in Ihrem Leben zu behalten. Nicht jeder Mensch ist dazu bestimmt, Teil deines Lebens zu sein, und manchmal ist es das Beste, wenn du dich von ihm trennst oder ihn gehen lässt und dich selbst über alles andere stellst. Eine Beziehung zu beenden, kann schmerzhaft sein, aber sich von wiederholten Verletzungen zu lösen, zeigt Stärke und Engagement für sich selbst.

Kapitel 8
Der Umgang mit Externen Gemeinsamer Stress

Äußere Einflüsse wie Arbeit, Familie und finanzieller Stress können eine Beziehung stark belasten. Paare, die eine starke und dauerhafte Beziehung führen wollen, sollten auf einige dieser häufigen Herausforderungen achten, die eine Beziehung belasten können.

Arbeit

Zeitliche Beschränkungen: Berufstätige Paare verbringen oft viele Stunden im Büro, haben einen anspruchsvollen Terminkalender und sind hin und wieder auf Reisen, was dazu führen kann, dass sie für längere Zeit nicht zu Hause sind und sich ein Partner vernachlässigt fühlt.

Stress und Burnout: Beruflich bedingter Stress überträgt sich leicht auf den Alltag, und wenn eine Person lange arbeitet, ist sie möglicherweise reizbarer oder emotional ausgelaugt und nicht in der Lage, eine Beziehung zu ihrem Partner aufzubauen.

Berufliche Ambitionen: Wenn ein Partner ganztägig arbeiten oder quer durchs Land reisen möchte, um sich auf seine Karriere zu konzentrieren, während der andere die Kinder erziehen muss, kann das die Beziehung stark belasten.

Familie

Der Umgang mit den Schwiegereltern kann eine Herausforderung sein. Viele Reibereien oder unterschiedliche Erwartungen können zu Spannungen zwischen Paaren führen.

Erziehungsstile: Wenn ein Paar unterschiedliche Erziehungsstile hat, können sie in Konflikt geraten. Dies führt schließlich zu Meinungsverschiedenheiten und gegenseitigem Unmut.

Aufgaben der Großfamilie: Anstatt sich gegenseitig zu unterstützen, können alternde Eltern oder Geschwister eine Beziehung belasten und dem Paar Zeit und Energie rauben.

Geldsorgen:

Finanzieller Stress: Geldsorgen wie Schulden, Haushaltsplanung oder Arbeitsplatzverlust können zu Spannungen und Streit führen und Kommunikationsbarrieren schaffen.

Unterschiedliche Vorstellungen vom Geldausgeben: Wenn ein Partner gerne Geld ausgibt und der andere es lieber spart. Dieser Unterschied kann zu Streit und Frustration führen.

Finanzielle Ziele: Differenzen über finanzielle Ziele - wie die Priorisierung von Ersparnissen für ein Haus oder Ausgaben für Erlebnisse - können zu Konflikten führen.

Andere externe Faktoren

Soziales Leben: Freunde, die Unterhaltung von Verwandten und andere gesellschaftliche Veranstaltungen setzen Paare manchmal unter Druck und führen zu einem Gefühl der Überforderung.

Gesundheitsprobleme: Körperliche oder geistige Gesundheitsprobleme können eine Herausforderung für jede Beziehung darstellen, da ein Partner möglicherweise zusätzliche Verantwortung übernehmen muss oder Schwierigkeiten hat, für die emotionalen Bedürfnisse des anderen zu sorgen.

Veränderungen im Leben können auch bei Paaren Stress verursachen. Ein Umzug, ein Arbeitsplatzwechsel oder die Ankunft eines Kindes können das empfindliche Gleichgewicht in einer Beziehung beeinträchtigen.

Strategien für den Umgang mit externen Stressherausforderungen

Offene Kommunikation: Häufige Gespräche über Emotionen, Befürchtungen und Wünsche können dazu beitragen, dass beide Partner auf der gleichen Seite stehen und ähnliche Ideen zur Problemlösung finden.

Gemeinsame Qualitätszeit: Wenn Sie Ihrer Verbindung und der gemeinsamen Zeit Vorrang einräumen, kann das die Bindung eines Paares stärken. Selbst kleine Dosen von Qualitätszeit können den Partnern helfen, wieder zueinander zu finden.

Finanzplanung - Die gemeinsame Ausarbeitung eines Finanzplans kann dazu beitragen, dass die Paare auf derselben Seite stehen, und Spannungen im Zusammenhang mit Geld abbauen.

Grenzen setzen: Nehmen Sie sich Zeit für die Familie oder setzen Sie sich zeitliche Grenzen für die Arbeit, um das Gleichgewicht in der Beziehung zu wahren.

Holen Sie sich Hilfe: Wenn der Druck von außen zu groß wird, können Paare eine Therapie oder Beratung in Anspruch nehmen, um tiefere Probleme anzugehen und ihre Kommunikationsfähigkeit zu verbessern.

Wenn Paare in der Lage sind, die äußeren Faktoren, die eine Beziehung belasten können, zu erkennen und anzusprechen, können sie gemeinsam ein unterstützendes Umfeld schaffen, das ihre Beziehung fördert.

Wie man sich gegenseitig in stressigen Situationen unterstützt

Lernen Sie, Stressauslöser zu erkennen

Lernen Sie als Paar, Anzeichen für Stressauslöser des anderen zu erkennen. Bestimmte Worte, Reizbarkeit, Rückzug usw. Finden Sie heraus, was dies ausgelöst hat.

Halten Sie sich im Moment zurück und lassen Sie einen kühleren Kopf zu einem anderen Zeitpunkt walten. Versuchen Sie, das Problem innerhalb von ein oder zwei Tagen anzusprechen, solange das Ereignis und die Gefühle noch frisch sind.
Besprechen Sie, ob Sie mehr Zeit brauchen, um das Geschehene zu verarbeiten, oder wann Sie bereit sind zu reden.

Aufbau eines Umfelds der Unterstützung

Tipps für Paare: Aktives Zuhören. Eines der Dinge, die Paare tun können, um Missverständnisse in ihrer Beziehung zu vermeiden, ist zu lernen, wie man zuhört.
Vollständig zuhören, dem Gesprächspartner Ihre volle Aufmerksamkeit schenken, nicken und nicht unterbrechen.

Validierung: Die Partner sollten Dinge sagen wie: "Es ist verständlich, dass du so fühlst. Aussagen wie "Ich kann verstehen, warum du so fühlst". Dies zeugt von Respekt für die Gefühle Ihres Partners und kann dazu beitragen, seine Erfahrungen zu bestätigen, wodurch er sich sicherer fühlt, wenn er Ihnen die Wahrheit sagt.

Eine körperliche Berührung (eine Umarmung, Händchenhalten) hat viel Kraft. Dies ist eine einfache, aber effektive Art, Trost und Liebe zu zeigen.

Emotionale Leitplanken

Legen Sie persönliche Grenzen fest: Jeder Partner sollte seinen Bedarf an Raum, Zeit und emotionaler Energie in schwierigen Zeiten besprechen.

Respektieren Sie, wie diese Grenzen eingehalten werden sollen: Es ist auch wichtig, diese Grenzen weiter zu besprechen, da sie sich mit der Zeit ändern können.

Schaffen Sie Safe Words: Überlegen Sie sich ein Sicherheitswort oder ein Signal, das jeder von Ihnen verwenden kann, wenn Sie sich aus einem Gespräch/einer Situation zurückziehen wollen.

Wirksame Kommunikation

Verwenden Sie Ich-Aussagen (Beispiel: "Ich fühle mich überfordert, wenn..."), um die Verantwortung für ihre Gefühle zu übernehmen, ohne dem anderen die Schuld zu geben.

Seien Sie direkt: Kommen Sie auf den Punkt und vermeiden Sie unnötigen Jargon oder komplexe Sprache. Sagen Sie ganz klar, was Sie sich von Ihrem Partner wünschen. (z. B. "Ich möchte, dass du mir heute Abend beim Essen hilfst" statt "Du hilfst mir nie beim Essen").

Richtiges Timing - Versuchen Sie, diese Gespräche in einer relativ ruhigen Situation zu führen und nicht in einem Moment großer Anspannung.

Ermutigen Sie zu Feedback und seien Sie offen für konstruktive Kritik.

Praxis der Empathie und des Kompromisses

Perspektivenübernahme: Bei der Übung "Wenn ich du wäre" wechseln die Paare die Perspektive, versetzen sich aktiv in die Lage des anderen und sprechen darüber, wie es wäre, in der gleichen Situation zu sein.

Kompromiss-Strategien: Das Gottman Island Survival Game

Dieses Spiel simuliert eine Überlebenssituation, in der Paare aus einer Liste von 20 Gegenständen auswählen müssen, welche für sie am wichtigsten sind. Jeder Partner ordnet seine Auswahl und dann arbeiten sie zusammen, um eine gemeinsame Liste von 10 zu erstellen. Diese Übung hilft Paaren, ihre Bedürfnisse zu priorisieren und eine gemeinsame Basis zu finden.

Regelmäßige Check-Ins

Führen Sie Gespräche: Führen Sie regelmäßige Kontrollgespräche, in denen die Partner Stressfaktoren, Bedürfnisse und das Gefühl der Unterstützung besprechen.

Ressourcen und Tools

Bücher

Gewaltfreie Kommunikation: Eine Sprache des Lebens
von Marshall B. Rosenberg

Der Schwerpunkt liegt auf der einfühlsamen Kommunikation und der Lösung von Konflikten ohne Schuldzuweisungen oder Kritik. Es eignet sich hervorragend für alle, die mitfühlendere und verständnisvollere Dialoge in Beziehungen führen möchten.

Die sieben Prinzipien für eine funktionierende Ehe
von John Gottman

Dieser Klassiker befasst sich mit forschungsgestützten Prinzipien, die Beziehungen stärken. Er deckt alles ab, von der Konfliktlösung bis zum Aufbau von Freundschaft und Intimität mit Ihrem Partner.

Angehängt: Die neue Wissenschaft der Bindung von Erwachsenen und wie sie Ihnen helfen kann, die Liebe zu finden und zu erhalten
von Amir Levine und Rachel Heller

Untersucht, wie sich Bindungsstile auf Beziehungen auswirken, und gibt praktische Ratschläge, wie man sich selbst und seinen Partner besser verstehen kann.

Halt mich fest: Sieben Gespräche für ein ganzes Leben voller Liebe
von Dr. Sue Johnson

Nutzt die emotionsorientierte Therapie, um Paare durch wichtige Gespräche zu führen, die ihre Bindung und emotionale Verbindung stärken.

Entscheidende Gespräche: Werkzeuge für Gespräche, bei denen viel auf dem Spiel steht
von Kerry Patterson, Joseph Grenny, Ron McMillan und Al Switzler

Dieses Buch bietet Werkzeuge, um Gespräche, bei denen es um viel geht, mit Selbstvertrauen und Klarheit zu führen, was sowohl in persönlichen als auch in beruflichen Beziehungen hilfreich ist.

Es könnte eine gute Idee sein, dass jeder Partner ein Buch auswählt, das Sie beide lesen.

Manchmal kommt es nicht darauf an, was gesagt wird, sondern wer es gesagt hat. Wenn Sie beide den Vorteil haben, die gleichen Beziehungsbücher zu lesen, dann kann jeder Partner erkennen, dass die Ratschläge wahrscheinlich nicht voreingenommen sind, weil sie von einer unparteiischen Quelle stammen.

Wenn Paare diese Werkzeuge und Strategien erhalten, werden sie das nötige Wissen erlangen, um eine stärkere Partnerschaft zu schaffen. Engagieren Sie sich durch regelmäßiges Üben füreinander und schaffen Sie einen Raum, in dem sich jeder Partner gehört und wertgeschätzt fühlen kann, auch wenn er unter Stress steht.

Kapitel 9
Gemeinsame Ziele und Visionen festlegen

Dies ist der Zeitpunkt, an dem Sie nicht nur planen, sondern auch ein Fundament an Übereinstimmung, Engagement und Begeisterung darüber schaffen, wie die Zukunft aussieht, indem Sie gemeinsame Ziele und Visionen festlegen. Dieses Kapitel ermöglicht es Ihnen, genau zu verstehen, was jeder von Ihnen will, und Ihre einzelnen idyllischen Träume sowie Ihre Stärken aufeinander abzustimmen, um einen gemeinsamen Weg zu finden, den Sie gemeinsam beschreiten können.

Warum gemeinsame Ziele wichtig sind

Betrachten Sie Ihre Beziehung als eine Reise, auf der Sie beide unterwegs sind - eine Reise, bei der das endgültige Ziel nur gemeinsam erreicht werden kann. Ihre Beziehung braucht eine Richtung und ein Ziel, und gemeinsame Ziele helfen, dieses Ziel zu definieren. Ohne diese Ziele besteht die Gefahr, dass sich die Partner auseinanderleben und ihren eigenen Leidenschaften und Träumen nachgehen, ohne zu merken, dass sie in unterschiedliche Richtungen gehen. Wenn Sie jedoch die gleichen Ziele haben, kommen Sie als Team immer weiter voran und stellen sich den Herausforderungen des Lebens mit einem gemeinsamen Ziel.

Gemeinsame Ziele zu haben, bringt Sie auch näher zusammen. Wenn Sie sich als Paar Ziele setzen, bedeutet das, dass Sie einander bei allem den Rücken freihalten. Auf diese Weise können Sie sich gegenseitig sagen: "Wir und unsere Zukunft liegen mir am Herzen.

Wie Paare ihre Vision verwirklichen können

Bevor Sie sich nun mit Ihren individuellen oder spezifischen Zielen befassen, sollten Sie immer mit einer Vision beginnen - einer Vorstellung davon, wie Ihr gemeinsames Leben aussehen soll. Nehmen Sie sich also etwas Zeit, um gemeinsam zu träumen. Stellen Sie sich vor, wie Sie in 20, 30 oder sogar 50 Jahren auf Ihr gemeinsames Leben als Paar zurückblicken. Welche Art von Erinnerungen möchten Sie schaffen? Welche Werte möchten Sie aufrechterhalten sehen? Zum Beispiel, wie Sie Ihre Tage verbringen wollen, welche Reisen Sie unternehmen werden und was Sie für andere tun werden.

Fragen Sie sich selbst:

Wie stellen wir uns ein gemeinsames Leben vor, das wir beide lieben?

Was ist uns als Paar am wichtigsten?

Was ist unsere Vision von Wachstum, als Einzelne und gemeinsam?

Was wollen wir erreichen? Eine Familie gründen? Ein Vermächtnis schaffen? Oder einfach das bestmögliche Leben voller Freude leben? Was macht ein sinnvolles Leben für uns aus?

Sprechen Sie über diese Fragen, hören Sie sich die Träume der anderen an und lassen Sie sich inspirieren. Diese Vision wird Ihnen bei der Verwirklichung Ihrer Ziele als Richtschnur dienen.

Ziele, die Ihre Vision verstärken

Wenn Sie eine klare Vorstellung haben, setzen Sie sich Ziele, die Sie auf dem Weg dorthin unterstützen werden. Betrachten Sie diese als die Aktionsschritte, die Sie verfolgen werden, um Ihre Vision zu verwirklichen. Einige dieser Ziele werden groß sein, wie der Kauf eines Hauses oder die Gründung einer Familie. Andere könnten kleiner sein, wie z. B. ein wöchentliches Rendezvous oder ein Traumurlaub. Das Ziel ist es, als Paar voranzukommen, also streben Sie Ergebnisse an, die Ihre beiden Wünsche und Bedürfnisse berücksichtigen.

Hier erfahren Sie, wie Sie gemeinsame Ziele effektiv definieren können:

Machen Sie sie kristallklar und messbar

Vage formulierte Ziele fördern vage Ergebnisse. Anstelle von: Wir wollen Geld sparen, versuchen Sie: Wir wollen im Laufe des nächsten Jahres 5.000 Dollar für einen Urlaub sparen. Auf diese Weise wissen Sie beide, worauf Sie hinarbeiten, und können leicht sehen, wie gut Sie vorankommen.

Sicherstellen, dass sie realisierbar sind

Es ist zwar wichtig, sich selbst zu fordern, aber setzen Sie sich kein unerreichbares Ziel. Bedenken Sie, in welchem Alter Sie sich befinden, welches Kapital und welche Zeit Sie haben. Nicht zu leicht, nicht zu schwer; Ziele, die gerade noch erreichbar sind, sind der "Sweet Spot".

Mit Ihren Werten in Einklang bringen

Setzen Sie sich Ziele, die mit den Werten der von Ihnen entwickelten Vision übereinstimmen. Wenn es Ihnen und Ihrem Partner wichtig ist, sich für die Gemeinschaft zu engagieren, kann es auch produktiver sein, ehrenamtliche Arbeit zu einem gemeinsamen Ziel zu machen. Wenn Ihnen Gesundheit und Wohlbefinden wichtig sind, sollten Sie sich Fitness- oder Wellness-Ziele setzen, die Sie gemeinsam genießen können.

Einen Zeitplan festlegen

Ziele sind Träume mit einer Frist. Fristen tragen dazu bei, dass Sie sich an Ihren Plan halten. Setzen Sie sich kurzfristige (in einem Jahr) und langfristige (in fünf oder zehn Jahren) Ziele, damit Sie auf dem richtigen Weg bleiben. Alle paar Monate oder mindestens einmal im Jahr macht es Spaß (und ist erdend), zu diesen Zielen zurückzukehren und sich neu auszurichten.

Individuelle und gemeinsame Ziele in Einklang bringen

Die Unterstützung der individuellen Ziele des anderen ist ebenso wichtig wie die Arbeit an gemeinsamen Zielen. Sprechen Sie offen darüber, welche persönlichen Ziele Sie verfolgen, und finden Sie Wege, sich gegenseitig zu ermutigen. Auf diese Weise können Sie das Gefühl des Wettbewerbs vermeiden und stattdessen ein Gefühl der Partnerschaft und des Stolzes auf die Erfolge des anderen schaffen.

Umgang mit unterschiedlichen Zielsetzungen

Es wird Zeiten geben, in denen Ihre individuellen Ziele nicht ganz übereinstimmen werden. Das ist in Ordnung. Der Trick dabei ist, mit solchen Differenzen mit Einfühlungsvermögen und Kompromissbereitschaft umzugehen. Diskutieren Sie die Gründe - wenn Sie die Motivation verstehen, kann es einfacher sein, eine gemeinsame Basis zu finden und sich gegenseitig zu unterstützen, wenn Sie die Vision hinter Ihren Zielen formulieren können.

Bringen Sie Ihre Leidenschaft für ein Ziel zum Ausdruck und hören Sie zu, wenn Ihr Partner dies mit Neugierde und Respekt tut. Opfer füreinander zu bringen ist definitiv ein Teil einer Beziehung. Sie müssen jedoch ausgewogen sein und auf Gegenseitigkeit beruhen.

Gemeinsam Meilensteine feiern

Erfreuen Sie sich gemeinsam an den kleinen Erfolgen. Das Erreichen eines Ziels kann berauschend sein, aber es ist der Weg, der Verbindung und Intimität schafft. Feiern Sie Meilensteine gemeinsam - das kann ein kleines Geschenk sein, ein Abend im Freien oder einfach nur, dass sich jeder von Ihnen etwas Zeit nimmt, um über etwas nachzudenken, das Sie gemeinsam erreicht haben. Feiern hält die Motivation hoch und macht den ganzen Prozess lohnend. Investieren Sie ein wenig in Ihr Glück.

Überprüfen und Anpassen der Ziele

Die Dinge und Situationen im Leben ändern sich, also seien Sie darauf vorbereitet, Ihre Ziele anzupassen. Sie werden sich anpassen müssen, wenn sich neue Möglichkeiten und Herausforderungen ergeben. Schauen Sie sich Ihre Ziele immer wieder an und überarbeiten Sie sie. Einige sind vielleicht nicht mehr relevant, andere stimmen vielleicht besser mit Ihrer Vision überein als früher. Lassen Sie Raum und seien Sie flexibel, denn Sie wissen, dass Ihre Beziehung ein atmendes, sich entwickelndes Wesen ist.

Gemeinsam nach vorne gehen

Eines der wichtigsten Dinge, die man als Paar tun kann, ist, sich gemeinsame Ziele zu setzen. Dabei geht es um mehr als nur darum, etwas zu erreichen. Die gemeinsam verbrachte Zeit trägt dazu bei, die Beziehung zu nähren und ihr zu helfen, durch gegenseitige Unterstützung, Ermutigung und Respekt zu gedeihen.

Kapitel 10 Wie man den Fortschritt aufrechterhält und gemeinsam wächst

Beziehungen sind dynamisch und erfordern ständige Bemühungen. Hier sind einige Ideen, die Ihnen helfen sollen, Ihre Beziehung weiter auszubauen.

Arbeiten Sie gemeinsam an einer Beziehungs-Visionstafel

Machen Sie aus Beziehungszielen und -träumen ein lustiges Projekt. Schneiden Sie Bilder, Sätze und Wörter aus inspirierenden Zeitschriften aus oder erstellen Sie direkt am Computer ein gemeinsames Vision Board. Themen sind z. B. Reiseziele, gemeinsame Hobbys oder Meilensteine im Leben. Ziele können sich ändern, daher sollten Sie sie von Zeit zu Zeit wiederholen, um zu sehen, wie Sie vorankommen, und sie vielleicht zu verfeinern.

Monatliche Beziehungs-Check-Ins

Nehmen Sie sich jeden Monat ein paar Minuten Zeit, um über Ihre Beziehung zu sprechen. Es kann eine informelle, druckfreie Zeit sein, um zu besprechen, was gut läuft, womit wir zu kämpfen haben und wie jeder von uns sich verbessern kann. Sie sollten diese Gespräche zwanglos führen, denn das zeigt beiden Partnern, dass offene Kommunikation ein regelmäßiger Bestandteil einer gesunden Beziehung sein kann und sollte.

Vierteljährliche Paare Rückzug

Planen Sie alle paar Monate ein "Mini-Retreat" zu Hause oder einen Wochenendausflug, der Ihnen neue Kraft gibt. Sie könnten diese Zeit nutzen, um gemeinsam zu experimentieren - etwas Meditatives zu tun, etwas Schönes zu schaffen, Touristen in einer neuen Stadt zu sein. Dieser Ansatz unterstreicht, dass Wachstum und Erkundung ein gemeinsames Unterfangen sind.

Bauen Sie eine Beziehungszeitkapsel, die Sie in 5, 10 oder 15 Jahren öffnen können

Schreiben Sie Briefe, machen Sie Fotos oder bewahren Sie Erinnerungsstücke auf, die die gegenwärtige Beziehung und Ihre Visionen für die Zukunft verkörpern. Nach einiger Zeit - nach einem Jahr oder fünf Jahren oder so - öffnen Sie es und denken Sie darüber nach, wie Sie beide als Menschen und als Partner gewachsen sind, aber beobachten Sie auch, ob Sie sich auseinandergelebt haben und wie Sie sich dabei fühlen. Dies ist eine gute Erinnerung für beide Partner, dass sich Beziehungen, wie Menschen, mit der Zeit verändern.

Sich gegenseitig "Wachstumsherausforderungen" stellen

Setzen Sie sich gemeinsam eine vierteljährliche Herausforderung für die persönliche Entwicklung, die indirekt der Beziehung zugute kommt. Beispiel: geduldiger werden, besser kommunizieren, den Standpunkt des anderen besser verstehen lernen. Nehmen Sie sich gegenseitig in die Pflicht, aber feiern Sie das Wachstum gemeinsam als Paar. Das hilft Ihnen beiden, nicht perfekt zu werden, sondern einfach eine bessere Version von sich selbst.

Sie beide schreiben das Relationship Growth Journal.

Schreiben Sie jeden Monat einen Eintrag über Ihre Beziehung und bewahren Sie ihn in einem gemeinsamen Tagebuch auf. Notieren Sie Ihre schönsten Erinnerungen, die Kämpfe, die Sie durchgestanden haben, und was Sie über den anderen gelernt haben. In diesem Tagebuch können Sie sich an die Dinge erinnern, die Sie beide zusammengebracht haben, und an die Dinge, die Sie beide weiter wachsen lassen könnten.

Jeden Monat einen neuen Punkt auf der Bucket List ausprobieren

Stellen Sie eine kleine Liste mit lustigen oder abenteuerlichen Dingen zusammen, die Sie beide ausprobieren möchten. Probieren Sie jeden Monat eine andere Sache aus.

Das kann alles sein, von einem Kochkurs bis hin zu einer neuen Sportart. Neues hält das Interesse an der Beziehung wach... es erinnert jeden von Ihnen an das, was Sie beide am Anfang der Beziehung empfunden haben, und fügt der wachsenden Liste von Momenten, auf die jeder von Ihnen mit Freude zurückblicken kann, etwas hinzu.

Rituale zum Danken und Nachdenken einführen

Nehmen Sie sich jeden Tag oder jede Woche etwas Zeit, um dem anderen eine Nachricht zu schreiben, in der Sie Ihre Dankbarkeit zeigen. Sagen Sie Ihrem Partner, was er in dieser Woche Schönes getan hat. Vor allem aber erinnert Sie das regelmäßige Ausdrücken von Dankbarkeit daran, dass Sie beide zusammengehören und was für ein Segen es sein kann, ein Paar zu sein.

Intimität erhöhen

Rollenspiele und Fantasy

Sprechen Sie über jede Fantasie und erkunden Sie jedes Szenario, das beide Partner gerne erkunden würden, um die Dinge ein wenig aufzupeppen. Eine weitere gute Sache an der Fantasie ist, dass Sie und Ihr Partner nicht mehr dieselben Personen sind; es ist eine Brise frischer und aufregender Luft.

Ändern Sie die Einstellung

Wenn es um einen unvergesslichen Abend geht, ist es immer schön, mit verschiedenen Umgebungen zu experimentieren, z. B. mit einem anderen Zimmer oder vielleicht einem kleinen romantischen Urlaub. Eine neue Umgebung kann die Dinge neu und spontan erscheinen lassen, und wenn man alles in sich aufnimmt, fühlt man sich präsenter und konzentrierter.

Versuchen Sie eine Massage

In dem Lied **Turn off the Lights von** Teddy Pendergrass geht es um eine heiße Ölsitzung und ist in seiner Gesamtheit ein Meisterwerk der romantischen Liebeskunst.

Geben Sie ihm oder ihr eine Massage mit duftenden Ölen oder Lotionen. Konzentrieren Sie sich auf die Verbindung durch eine beruhigende und enge körperliche Interaktion. Das schafft Vertrauen und Nähe und ist ein hervorragender Wegbereiter für eine intimere Nacht.

Ja-Tag für Intimität

Sich einen Tag lang bemühen, zu den Vorschlägen des anderen "Ja" zu sagen, ohne die eigene Bequemlichkeit zu sehr zu überschreiten. Dies ist eine fantastische Gelegenheit, um herauszufinden, ob man eine neue Vorliebe hat und eine wunderbare Erinnerung zu schaffen!

Tanz

Besuchen Sie gemeinsam einen Tanzkurs. Lernen Sie Salsa oder Tango. Oder haben Sie einfach nur Spaß in einem gehobenen Club. Tanzen bietet Paaren die Möglichkeit, sich auf einer tieferen Ebene zu verbinden. Die körperliche Intimität, wenn man sich gegenseitig festhält, die synchronen Bewegungen und die gemeinsame Erfahrung, gemeinsam Musik zu machen, können ein Gefühl der Zusammengehörigkeit und des Verständnisses fördern. Es kann auch ein Grund sein, sich schick zu machen und sich wie eine Million Dollar zu fühlen!!!

Einen romantischen Film ansehen

Genießen Sie Popcorn im Bett, während Sie sich romantische Klassiker ansehen, die Leidenschaft und Zusammensein inspirieren. Casablanca, Titanic, The Notebook, Dear John, La La Land, When Harry met Sally, Serendipity, Meet Joe Black, Love and Basketball, Southside with You, Disney's live action Cinderella (2015), um nur einige zu nennen.

Spielen Sie eine romantische Playlist mit Musik

Es geht nichts über Musik, um sich in Stimmung zu bringen. John Legends "You and I" ist ein perfekter Song für den Abend oder sein "Stay with you" ein Lied über ein nie endendes Engagement in einer Beziehung. Auf YouTube findest du Wiedergabelisten für jede Art von romantischer Musik, die du magst. Oder kaufen Sie einfach eine Greatest Hits-CD Ihrer Lieblingskünstler.

Dies sind nur ein paar Ideen, aber nicht die einzigen. Nehmen Sie sich die Zeit, um zu sehen, welche anderen Ideen Ihnen und Ihrem Partner noch einfallen. Damit Ihre Beziehung spannend bleibt und Sie gemeinsam wachsen können.

Schlussfolgerung

Gut gemacht! Sie haben sich auf den Weg gemacht, um Ihre Beziehung zu vertiefen und zu stärken. In diesem Buch haben Sie die grundlegenden Aspekte einer guten Beziehung kennengelernt - Kommunikation, emotionale Intimität, Vergebung, Selbstwertgefühl und vieles mehr. Wenn Sie diese Kapitel abgeschlossen haben, verfügen Sie nun über das Rüstzeug, um Ihre Beziehung und Ihr persönliches Wohlbefinden zu fördern.

Nichts, was sich zu haben lohnt, ist einfach ... Beziehungen erfordern ständige Arbeit. Und manchmal auch Spaß und Aufregung.

Dieses Buch war ein Ausgangspunkt - aber die eigentliche Herausforderung liegt in den täglichen Entscheidungen, die Sie und Ihr Partner treffen, um Ihre Zukunft zu gestalten. Die Entscheidung, zuzuhören, die Entscheidung, zu vergeben, die Entscheidung, sich für die Freude am Zusammensein zu entscheiden - das kann Ihr Weg nach vorn sein. Wenn Sie einander treu bleiben und sich den Herausforderungen stellen, die auf Sie als Paar zukommen.

Vergessen Sie nicht, dass eine Beziehung eine Reise ist. Es gibt kein perfektes Ziel, keinen letzten Schritt, nach dem Sie fertig sind. Jeder Lebensabschnitt wird seine eigenen Abenteuer, Freuden und Herausforderungen bieten, aber Sie haben jetzt die Werkzeuge, um sie mit Anmut, Respekt und Liebe zu bewältigen.

Vereinbaren Sie Check-in-Termine (Beziehungs-Tuning) mit Ihrem Partner, damit Sie sehen können, wie weit Sie gekommen sind, und setzen Sie Ihre Ziele gegebenenfalls gemeinsam neu fest, um die Prioritäten neu zu setzen und die Kommunikationswege offen zu halten.

Diese kleinen Momente der Verbundenheit können mit der Zeit einen großen Unterschied ausmachen. "Zentimeter für Zentimeter ist das Leben ein Kinderspiel."

Ich möchte Ihnen für den Kauf dieses Buches danken. Mögen diese Lektionen hier eine Ressource sein, auf die Sie jederzeit zurückgreifen können, und mögen die Liebe, die Freude und das Potenzial, das Sie und Ihr Partner in sich tragen, nie vergessen werden. Mit Aufgeschlossenheit, Respekt und Abenteuerlust sind Sie bereit, eine gesunde Beziehung aufzubauen, die Bestand hat, wenn Sie beide weiterhin gedeihen, Freude erzeugen und sich aufeinander stützen.

Mögen Sie Liebe und Glück haben, während Sie den Rest Ihres Lebens zum Besten machen, was Sie haben.

Ressourcen: Inspirierende Zitate für Selbstwertgefühl, Kommunikation und Spaß haben

In diesem Abschnitt finden Sie zeitlose Weisheiten, die Sie dazu inspirieren, Ihr Selbstwertgefühl zu kultivieren, Ihre Kommunikation zu vertiefen und die Freude am gemeinsamen Spaß wiederzuentdecken. Von alten Philosophen bis hin zu modernen Stimmen erinnern diese Zitate an die Grundsätze, die eine Beziehung gesund und lebendig halten.

Über den Selbstwert

"Sich selbst zu lieben ist der Beginn einer lebenslangen Romanze". - Oscar Wilde

"Wie viel schlimmer sind die Folgen des Zorns als seine Ursachen." - Marcus Aurelius

"Du selbst, genauso wie jeder andere im gesamten Universum, verdienst deine Liebe und Zuneigung." - Buddha

"Die mächtigste Beziehung, die du jemals haben wirst, ist die Beziehung zu dir selbst". - Steve Maraboli

"Verschwende keine Zeit mehr damit, darüber zu diskutieren, was ein guter Mensch sein sollte. Sei einer." - Marcus Aurelius

"Selbstfürsorge ist kein Luxus, sie ist unerlässlich." - Audre Lorde

"Niemand kann dir ohne deine Zustimmung das Gefühl geben, minderwertig zu sein." - Eleanor Roosevelt

"Solange Sie sich selbst nicht wertschätzen, werden Sie Ihre Zeit nicht wertschätzen. Solange du deine Zeit nicht wertschätzt, wirst du nichts mit ihr anfangen können." - M. Scott Peck

Zur Kommunikation

"Die meisten Menschen hören nicht zu, um zu verstehen; sie hören zu, um zu antworten." - Stephen R. Covey

"Wir haben zwei Ohren und einen Mund, damit wir doppelt so viel zuhören können wie wir sprechen." - Epiktet

"Das größte Problem der Kommunikation ist die Illusion, dass sie stattgefunden hat." - George Bernard Shaw

"Worte sind nur Bilder unserer Gedanken". - John Dryden

"Es kommt nicht darauf an, was man sagt, sondern wie man es sagt; darin liegt das Geheimnis der Zeitalter." - William Carlos Williams

"Gute Kommunikation ist so anregend wie schwarzer Kaffee und genauso schwer einzuschlafen." - Anne Morrow Lindbergh

"Die Weisen sprechen, weil sie etwas zu sagen haben; die Dummköpfe, weil sie etwas sagen müssen." - Platon

"Das Schweigen ist eine der großen Künste der Konversation." - Marcus Tullius Cicero

Gemeinsam Spaß haben und das Leben genießen

"Das Leben muss als Spiel gelebt werden." - Platon

"Nimm das Leben nicht zu ernst. Du wirst es nie lebend verlassen." - Elbert Hubbard

"Der vergeudetste aller Tage ist der ohne Lachen." - E. E. Cummings

"Wenn du eine Stunde lang glücklich sein willst, mach ein Nickerchen. Wenn du einen Tag lang glücklich sein willst, geh angeln. Wenn du ein Jahr lang glücklich sein willst, erbe ein Vermögen. Wenn du ein Leben lang glücklich sein willst, hilf einem anderen." - Chinesisches Sprichwort

"Die Kunst des Lebens ist eher ein Ringen als ein Tanzen." - Marcus Aurelius

"Es geht nicht darum, wie alt man ist, sondern wie man alt ist." - Jules Renard

"Es ist ein glückliches Talent, zu wissen, wie man spielt." - Ralph Waldo Emerson

"In jeder Arbeit, die erledigt werden muss, gibt es ein Element des Spaßes. Du findest den Spaß und - schwupps - ist der Job ein Spiel!" - Mary Poppins (P.L. Travers)

"Ein Tag ohne Lachen ist ein vergeudeter Tag." - Charlie Chaplin

"Lasst uns lesen und lasst uns tanzen; diese beiden Vergnügungen werden der Welt keinen Schaden zufügen." - Voltaire

Diese Zitate bieten zeitlose Perspektiven, die Ihnen helfen können, auf dem Boden der Tatsachen zu bleiben, aus dem Herzen zu sprechen und sich daran zu erinnern, dass man auf dem Weg dorthin gemeinsam lachen kann.

Sie erinnern uns daran, dass eine erfüllende Beziehung eine Beziehung ist, die jede Person wertschätzt, einen offenen und ehrlichen Dialog fördert und Freude an den einfachsten Momenten des Lebens findet. Kehren Sie zu diesen Worten zurück, wann immer Sie ein wenig Weisheit, Trost oder Inspiration auf Ihrer gemeinsamen Reise brauchen.

Glossar der Begriffe Paare Beziehung

Aktives Zuhören

Eine Art des Zuhörens, bei der es vor allem darum geht, ganz bei Ihrem Partner zu sein. Sie hören nicht nur Worte - Sie verstehen und zeigen, dass Sie sich kümmern.

Zärtliche Gesten

Es sind die kleinen Dinge wie Händchenhalten, Umarmen oder ein Kuss auf die Wange, die die Liebe Tag für Tag lebendig halten.

Affirmationen

Positive, unterstützende Worte, die wir zueinander oder zu uns selbst sagen und die uns und unseren Partner an die Dinge erinnern, die wir an ihnen lieben und schätzen.

Rituale der Wertschätzung

Einfache tägliche oder wöchentliche Handlungen, die Dankbarkeit zeigen, wie z. B. "Danke" sagen oder etwas anerkennen, was Ihr Partner getan hat.

Reparatur von Anbauteilen

Wenn das Vertrauen gestört ist, können Paare mit Hilfe der Bindungsreparatur das Gefühl von Sicherheit und Geborgenheit wiederherstellen.

Aufsatz Stil

Die Art und Weise, wie wir von Natur aus mit anderen in Verbindung treten, basierend auf unseren frühesten Beziehungen. Dies kann sicher, ängstlich, vermeidend oder eine Mischung aus verschiedenen Stilen sein.

Grenzen

Persönliche Grenzen, die wir setzen, um uns selbst und unsere Beziehung gesund zu erhalten - im Wesentlichen geht es darum zu wissen, was in Ordnung ist und was nicht.

Co-Abhängigkeit

Eine Dynamik, bei der sich eine Person in hohem Maße auf die emotionale Unterstützung der anderen verlässt, manchmal auf Kosten ihrer eigenen Bedürfnisse oder Unabhängigkeit.

Kollaborative Problemlösung

Probleme im Team anpacken! Gemeinsam nach Lösungen suchen, die den Bedürfnissen beider Partner entsprechen.

Konfliktvermeidung

Wenn ein oder beide Partner Meinungsverschiedenheiten ausweichen, um den Frieden zu wahren. Dies kann verhindern, dass Probleme vollständig angesprochen werden.

Lösung von Konflikten

Der Prozess, mit Meinungsverschiedenheiten auf gesunde Weise umzugehen und sich auf das gegenseitige Verständnis zu konzentrieren, anstatt zu versuchen, zu "gewinnen".

Verachtung

Respektlosigkeit oder die Behandlung des Partners, als ob er unter Ihnen stünde. Das ist ein wichtiges Beziehungswarnzeichen!

Paartherapie

Geführte Sitzungen mit einem Therapeuten, um Paaren zu helfen, Herausforderungen zu bewältigen, die Kommunikation zu verbessern und ihre Beziehung zu stärken.

Kritik

Auf Schwächen im Charakter des Partners hinweisen, anstatt bestimmte Verhaltensweisen anzusprechen. Das ist normalerweise unproduktiv und verletzend.

Defensive Kommunikation

Eine Reaktion, bei der ein Partner das Bedürfnis verspürt, sich selbst zu schützen, oft indem er dem anderen die Schuld gibt, was die Spannungen eskalieren lassen kann.

Digitale Entgiftung

Eine Pause von Telefonen, Tablets und Computern zu machen, um sich wieder zu verbinden und sich auf die gemeinsame Zeit zu konzentrieren.

Wirksame Kommunikation

Gedanken und Gefühle klar zum Ausdruck bringen und dabei auch die Seite des Partners anhören - entscheidend für das gegenseitige Verständnis.

Emotionale Intimität

Eine Nähe, in der sich beide Partner verstanden, akzeptiert und sicher fühlen, ihr wahres Ich mitzuteilen.

Emotionale Regulierung

Die Fähigkeit, mit unseren Emotionen so umzugehen, dass die Dinge konstruktiv bleiben, insbesondere bei Meinungsverschiedenheiten.

Einfühlungsvermögen

Verstehen und nachfühlen, was der Partner durchmacht. Das ist eine wichtige Voraussetzung für eine emotionale Bindung.

Faires Kämpfen

Konflikte mit Respekt angehen, Beleidigungen oder Schuldzuweisungen vermeiden und sich auf die Suche nach Lösungen konzentrieren.

Vergebung

Nach einer Verletzung den Ärger oder Groll loslassen. Das bedeutet nicht, dass man vergisst, sondern dass man sich entscheidet, weiterzumachen.

Lustige Termine

Besondere Ausflüge oder Aktivitäten, die Ihre Beziehung wieder spielerisch machen und Ihnen helfen, sich wieder zu verbinden.

Gaslighting

Eine Form der Manipulation, bei der ein Partner den anderen an seinen eigenen Gedanken oder Gefühlen zweifeln lässt.

Wachstumsorientierte Denkweise

Sie glauben daran, dass Sie und Ihre Beziehung mit der Zeit stärker werden können, wenn Sie sich anstrengen.

Wiederherstellung der Intimität

Arbeit an der Wiederherstellung emotionaler oder körperlicher Nähe nach einer Zeit der Abtrennung.

Sprachen der Liebe

Die fünf wichtigsten Arten, wie Menschen ihre Liebe ausdrücken: Worte der Bestätigung, Zeit für sich selbst, Geschenke, Dienste und körperliche Berührung.

Mikro-Verbindungen

Kurze Momente der Verbundenheit während des Tages, wie eine nette SMS oder ein Lächeln, um zu zeigen, dass man an den anderen denkt.

Achtsamkeit

In der Gegenwart zu bleiben und sich bewusst zu machen, was im Moment passiert, kann Paaren helfen, die Gefühle des anderen besser zu verstehen.

Achtsamkeitsmeditation

Eine Übung, um den Geist zu beruhigen und mehr in Einklang mit uns selbst zu kommen. Sie hilft bei der Selbstregulierung und der Kommunikation.

Mirror Listening

Wiederholen Sie, was Ihr Partner sagt, nicht nur, um zu zeigen, dass Sie es verstanden haben, sondern auch, um ihm das Gefühl zu geben, gehört zu werden.

Nonverbale Kommunikation

Der unausgesprochene Teil der Kommunikation - Körpersprache, Mimik, Tonfall. Sie sagt oft mehr als Worte!

Persönliche Finanzen

Umgang mit Geld in einer Weise, die die Ziele und Werte beider Partner unterstützt und finanziellen Stress in der Beziehung reduziert.

Verspieltheit

Unbeschwerter Spaß, Witze machen und nicht alles zu ernst nehmen. Das hält die Dinge frisch und spannend!

Projektion

Sie übertragen Ihre eigenen Gefühle oder Probleme auf Ihren Partner, was zu Missverständnissen führen kann, wenn Sie es nicht kontrollieren.

Reflektierende Briefe schreiben

Schreiben Sie Ihre Gedanken und Gefühle in einem Brief auf, um sich Klarheit zu verschaffen, bevor Sie mit Ihrem Partner über sensible Themen sprechen.

Reflektiertes Zuhören

Wiederholen Sie, was Ihr Partner gesagt hat, um zu bestätigen, dass Sie es verstanden haben, und schaffen Sie Vertrauen und Klarheit in Gesprächen.

Rituale zur Wiederherstellung der Verbindung

Regelmäßige Gewohnheiten wie ein wöchentliches Rendezvous tragen dazu bei, dass die Beziehung auch in hektischen Zeiten eng bleibt.

Reparaturversuche

Kleine Bemühungen zur Versöhnung oder zum Abbau von Spannungen, wie ein Witz, ein Lächeln oder eine Entschuldigung, wenn ein Konflikt aus dem Ruder gelaufen ist.

Ressentiments

Nachklingende negative Gefühle aus der Vergangenheit, die nicht geklärt wurden. Sie können sich aufstauen und der Beziehung schaden.

Respektvolle Meinungsverschiedenheiten

Wenn die Partner unterschiedliche Meinungen äußern und dennoch den Standpunkt des anderen respektieren.

Romantische Gesten

Durchdachte Aktionen wie das Planen einer Überraschung oder das Schreiben eines Liebesbriefs lassen die Leidenschaft wieder aufleben und zeigen, dass man sich kümmert.

Sicheres Wort

Ein Wort oder ein Satz, den beide Partner verwenden können, um ein Gespräch zu unterbrechen oder in einem hitzigen Moment eine Pause einzulegen.

Selbst-Bewusstsein

Sie verstehen Ihre eigenen Emotionen, Muster und Auslöser, was Ihnen hilft, effektiver auf Ihren Partner einzugehen.

Selbstliebe

Sich Zeit nehmen, um sich selbst zu pflegen und wertzuschätzen. Wenn Sie sich selbst gut fühlen, ist es einfacher, ein besserer Partner zu sein.

Grenzen setzen

Ihre persönlichen Grenzen zu kennen und zu kommunizieren, um sich selbst zu schützen und die Beziehung gesund zu erhalten.

Gemeinsame Ziele

Träume oder Ziele, auf die Sie beide gemeinsam hinarbeiten, um Teamarbeit und gemeinsame Ziele zu erreichen.

Sprecher-Hörer-Technik

Eine Methode, bei der abwechselnd gesprochen und zugehört wird, damit sich beide Partner wirklich gehört fühlen.

Spontaneität

Fügen Sie ungeplante Momente oder Abenteuer hinzu, damit die Beziehung lustig und unerwartet bleibt.

Mogelpackung

Wenn sich ein Partner während eines Konflikts zurückzieht oder abschottet. Das ist oft ein Zeichen dafür, dass er sich überfordert fühlt.

Stressbewältigung

Wege finden, mit Stress umzugehen, damit er sich nicht auf die Beziehung überträgt.

Teamarbeit

Sich gegenseitig bei Herausforderungen zu unterstützen und gemeinsam Entscheidungen zu treffen. Es geht darum, sich gegenseitig den Rücken zu stärken.

Auslöser

Situationen oder Worte, die eine starke emotionale Reaktion auslösen, die oft mit früheren Erfahrungen zusammenhängt.

Vertrauen

Der Glaube an die Zuverlässigkeit und Ehrlichkeit des anderen ist die Grundlage jeder gesunden Beziehung.

Unerfüllte Bedürfnisse

Wenn wichtige Bedürfnisse in der Beziehung nicht erfüllt werden, was zu Frustration oder Konflikten führen kann.

Validierung

Anerkennen und Akzeptieren der Gefühle oder Erfahrungen Ihres Partners als real und bedeutsam, auch wenn Sie nicht völlig damit einverstanden sind.

Gemeinsam visionieren

Ein gemeinsamer Traum für Ihre Zukunft, von großen Zielen bis hin zu kleinen Plänen für den Alltag, damit Sie auf derselben Seite stehen.

Schwachstelle

Seien Sie offen und ehrlich, auch wenn es um Ihre Ängste oder Unsicherheiten geht, um eine tiefere emotionale Verbindung aufzubauen.

Rücknahme

Sich während eines Konflikts zurückziehen, entweder emotional oder körperlich. Das ist oft ein Zeichen dafür, dass man sich überfordert oder abgekoppelt fühlt.

Dieser Anhang soll Ihnen helfen, die wichtigsten Beziehungskonzepte leicht zu verstehen und auf Ihre eigene Beziehungsreise anzuwenden.

Wenn Ihnen dieses Buch gefallen hat, nehmen Sie sich bitte die Zeit, Ihre Gedanken mitzuteilen und eine Rezension auf Amazon zu veröffentlichen. Wir würden das sehr begrüßen!

Vielen Dank,

Brian Mahoney

Wir möchten Ihnen für den Kauf dieses Buches danken und, was noch wichtiger ist, Ihnen dafür danken, dass Sie es bis zum Ende gelesen haben. Wir hoffen, dass Ihnen die Lektüre Spaß gemacht hat und dass Sie Ihre Familie und Freunde auf (Meta) Facebook, (X) Twitter oder anderen sozialen Medien informieren werden.

Wir möchten Ihnen auch weiterhin qualitativ hochwertige Bücher zur Verfügung stellen und würden uns daher freuen, wenn Sie uns eine Rezension auf Amazon.com hinterlassen würden.

Verwenden Sie einfach den unten stehenden Link, scrollen Sie etwa 3/4 der Seite nach unten und Sie werden ähnliche Bilder wie das untenstehende sehen.

Wir sind Ihnen sehr dankbar für Ihre Unterstützung.

Mit freundlichen Grüßen,

Brian Mahoney

MahoneyProducts Publishing

Link zum Buch:
https://www.amazon.com/dp/B0DMDD4W6L

Kundenrezensionen

4,6 von 5 Sternen

4,6 von 5
6 globale Bewertungen

5 Sterne   64
4 Sterne   36%-
3 Sterne 0% (0%) 0%
2 Sterne 0% (0%) 0%
1 Stern 0% (0%)

Dieses Produkt bewerten
Teilen Sie Ihre Gedanken mit anderen Kunden
(Eine Kundenrezension schreiben)

Das könnte Sie auch interessieren:

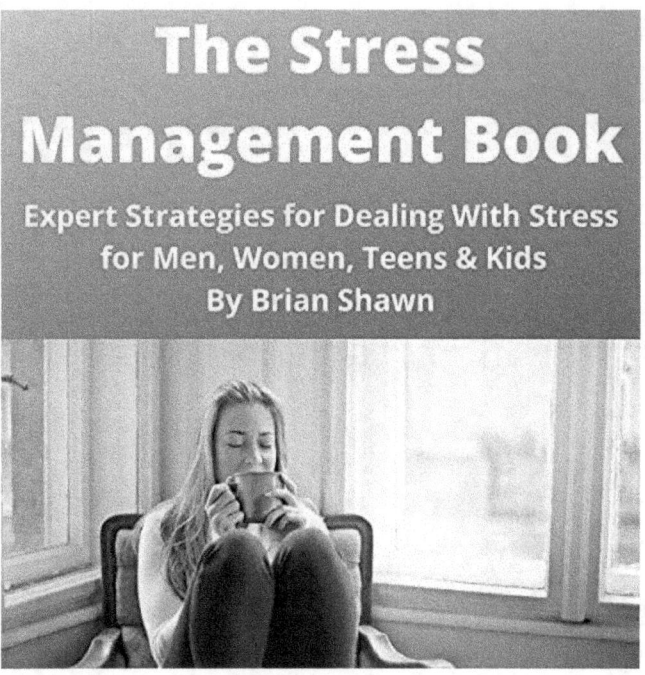

https://www.amazon.com/dp/B09419FG8H

www.ingramcontent.com/pod-product-compliance
Lightning Source LLC
LaVergne TN
LVHW012026060526
838201LV00061B/4477